U0547467

名师工程·教研提升系列

新课程·新理念·新教学

丛书编委会主任：马立 宋乃庆

今天我们应怎样评课

张文质 陈海滨 ◎ 主编

西南师范大学出版社
全国百佳图书出版单位 国家一级出版社

图书在版编目（CIP）数据

今天我们应怎样评课/张文质，陈海滨主编. —重庆：西南师范大学出版社，2011.2
（名师工程系列丛书）
ISBN 978-7-5621-5123-4

Ⅰ.①今…　Ⅱ.①张…②陈…　Ⅲ.①课堂教学－教学评议－中小学　Ⅳ.①G632.421

中国版本图书馆 CIP 数据核字（2010）第 253838 号

名师工程系列丛书

编委会主任： 马　立　宋乃庆
总策划： 周安平
策　划： 李远毅　卢　旭　郑持军　郭德军

今天我们应怎样评课
主编　张文质　陈海滨

责任编辑：	张浩宇　任占弟
封面设计：	大象设计
出版发行：	西南师范大学出版社
	地址：重庆市北碚区天生路1号
	邮编：400715　市场营销部电话：023-68868624
	http://www.xscbs.com
经　销：	新华书店
印　刷：	重庆升光电力印务有限公司
开　本：	720mm×1030mm　1/16
印　张：	16.5
字　数：	211 千字
版　次：	2011 年 2 月　第 1 版
印　次：	2021 年 7 月　第 11 次印刷
书　号：	ISBN 978-7-5621-5123-4
定　价：	45.00 元

若有印装质量问题，请联系出版社调换
版权所有　翻印必究

《名师工程》系列丛书

学术指导委员会
　主　任　　顾明远
　委　员　　陶西平　李吉林　钱梦龙　朱永新　顾泠沅　马　立
　　　　　　朱小蔓　张兰春　宋乃庆　陈时见　魏书生　田正平
　　　　　　张斌贤　靳玉乐　石中英　钱理群

编撰委员会
　主　任　　马　立　宋乃庆
　编　委　　卞金祥　曹子建　陈　文　邓　涛　窦桂梅　冯增俊
（按姓氏拼音排序）高万祥　郭元祥　贺　斌　侯一波　胡　涛　黄爱华
　　　　　　蓝耿忠　李韦遴　李淑华　李远毅　李镇西　李力加
　　　　　　李国汉　刘良华　刘海涛　刘世斌　刘扬云　刘正生
　　　　　　林高明　鲁忠义　马艳文　缪水娟　闵乐夫　齐　欣
　　　　　　沈　旎　施建平　石国兴　孙建锋　孙志毅　陶继新
　　　　　　田福安　王斌兴　魏　群　魏永田　吴　勇　肖　川
　　　　　　谢定兰　熊川武　徐　斌　徐　莉　徐　勇　徐学福
　　　　　　徐永新　严永金　杨连山　杨志军　余文森　袁卫星
　　　　　　张爱华　张化万　张瑾琳　张明礼　张文质　张晓明
　　　　　　张晓沛　赵　凯　赵青文　郑忠耀　周安平　周维强
　　　　　　周亚光　朱德全　朱乐平

本书编委会
　主　编　　王鹏飞
　副主编　　李志勇　张和平　宋延芳　尹宜梅
　编委会成员　蔡　彩　李蓓蓓　李凤琴　林玉梅　梁振洋　秦秀丽
（按姓氏拼音排序）于　卉　殷　坤　张琳琳

编者的话

当前，以人为本的教育理念正在逐步深化，素质教育以及基础教育课程改革不断推进。在这场深刻又艰苦的教育改革中，涌现了无数甘为人梯、乐于奉献的优秀教师。他们积极探索、更新观念、敢于创新、善于改革，在实践中创造性地发展、总结了很多先进的教育思想、教育理念；创造性地开发了很多新的教学模式、教学内容和教学方法。这些新思想、新模式、新方法在实践中极大地提高了教学质量，是教育改革实践中的新内涵和宝贵财富。这些优秀教师就是我们的名师，这些新内涵就是名师的核心教育力。整理、总结、发展、推广这些教育新内涵，是深化教育改革、完善教育体制、提高教育质量、提升教师水平的一件大事。

教育，是民族振兴的基石；教师，是教育发展的根基。

胡锦涛总书记在全国优秀教师代表座谈会上指出："教师是人类文明的传承者。推动教育事业又好又快发展，培养高素质人才，教师是关键。没有高水平的教师队伍，就没有高质量的教育。"十七大报告又进一步强调了必须加强教师队伍建设，不断提高教师的素质。当今世界，社会进步一日千里，科技发展日新月异，知识更新的周期越来越短。教师作为"文明的传承者"更要与时俱进，刻苦钻研、奋发进取，尽快提升自身素质和能力，为推动教育事业的健康发展贡献自己的力量。

基于以上，西南师范大学出版社策划、组织出版了大型系列教育丛书——《名师工程》。希望通过总结名师的创新经验、先进理念，宣传名师的核心教育力，为广大教师职业生涯提供精神源泉和实践动力，在教育实践层面切实推动从教者职业素养的提升。通过《名师工程》实现"打造名师的工程"。

丛书在策划、创作过程中力求实现以下特色：

一、理念创新，体现教育的人本精神

教师角色在以人为本的教育理念下发生了重大的变化，教师的素质和能力也面临更高的要求。如何弘扬、培植学生的主体性、增强学生的主体意识、发展学生的主体能力、塑造学生的主体人格等问题成为教师在目前教育中亟待解决的难题。丛书以教育管理者和教师为主要读者对象，通过教师综合素质的提高而将人本教育的思想落实到教育实践中，真正实现教育培养人、塑造人、发展人的本质要求。

二、全面构建，系统提升教师的教育能力

丛书选题的最大特点就是系统、全面地针对教师教育能力的提升而展开。施教者的能力决定教育的效果，教育改革的落实、教育效果的提高无不体现在教师身上。丛书针对不同教育能力、不同教学要求、不同教育对象，有针对性地设置选题。棘手学生、课堂切入、引导艺术、班主任的教导力、互动艺术、课堂效率、心灵教育等等，这些鲜明的主题从教育的细节出发，从教育实际情况出发，有针对性地解决问题，让教师在阅读中学有所指、读有所获。

三、科学权威，体现教育的时代前沿性

丛书邀请全国各地著名的教育工作者执笔，汇集在教育改革与实践中涌现的先进理念、成果和方法，经过专家认真遴选、评点总结而成，代表了目前教育实践中先进的教育生产力，具有时代前沿性，是广大一线教师学习、借鉴的好素材。

四、注重实践，突出施教的实用价值

丛书采用了通俗的创作方法，把死板的道理鲜活化，把教条的写法改变为以案例为主，分析、评点为辅，把最先进的教育理念和方法融入有趣的情境中。经典的案例，情境式的叙述，流畅的语言，充满感情的评述，发人深省的剖析，娓娓道来、深入浅出，让教师更充分地领会先进、有效的教育方法。

在诸多教育、出版界同仁的支持与努力下，《名师工程》陆续推出了《名师讲述系列》《教学提升系列》《教学新突破系列》《高中新课程系列》《教师成长系列》《大师讲坛系列》《教育细节系列》《创新语文教学系列》《教育管理力系列》《教师修炼系列》《创新数学教学系列》《教育通识系列》《教育心理系列》《创新课堂系列》《思想者系列》《名师名课系列》《幼师提升系列》《优化教学系列》《教研提升系列》《名校长核心思想系列》《名校工程系列》《高效课堂系列》《班主任专业化系列》等系列，共130多个品种，后续图书也将陆续出版。

丛书在出版创作过程中得到各地、各级教育部门与教育工作者的大力支持与帮助，在此一并表示感谢！

教育事业是全社会共同的事业，本丛书的出版一方面希望能对广大教育工作者有所帮助，共飨先进成果；另一方面也是抛砖引玉，希望更多的教育工作者参与到出版创作中来，百家争鸣、百花齐放，为促进教育事业的发展共同努力！

目　　录

第一篇　我们以什么样的心情评课
　　——追寻评课的意义和价值

观课，提炼课堂生活的故事 ………………………… 林高明（3）
只恐45分钟，载不动许多评 ………………………… 纪现梅（6）
网上网下总关情 ……………………………………… 柯清真（10）
在发现中追寻评课的更高境界 ……………………… 朱华贤（14）

第二篇　评课从何评起

评课评什么 …………………………………………… 李普权（21）
评课需把握的五点常规内容 ………………………… 杨德林（26）
评课怎样让每个参与者都有收获 …………………… 杨映川（32）
课堂教师语言观察与分析
　　——对刘义玲老师"识字4"的教学分析 ……… 刘芝艳（37）

怎样才能评好课？⋯⋯⋯⋯⋯⋯⋯⋯⋯⋯⋯⋯⋯⋯⋯⋯⋯⋯杨德林（45）

第三篇　课堂好坏的标准是什么

制定语文课堂标准的思考及目的⋯⋯⋯⋯⋯⋯⋯⋯⋯窦桂梅（51）
当下评课中几个焦点的辩证性思考⋯⋯⋯⋯⋯施铁军　王仁甫（56）
论发展性语文教育的四大评课标准⋯⋯⋯⋯⋯⋯⋯⋯王雅萍（62）
评课标准相对论⋯⋯⋯⋯⋯⋯⋯⋯⋯⋯⋯⋯⋯⋯⋯马志龙（73）
以一个父亲的心情听课⋯⋯⋯⋯⋯⋯⋯⋯⋯⋯⋯⋯张文质（78）
放肆与规矩⋯⋯⋯⋯⋯⋯⋯⋯⋯⋯⋯⋯⋯⋯⋯⋯⋯朱晓华（82）
以一个学生的心情听课⋯⋯⋯⋯⋯⋯⋯⋯⋯⋯⋯⋯孙明霞（86）
评课不该落入俗套⋯⋯⋯⋯⋯⋯⋯⋯⋯⋯⋯⋯⋯⋯苏连英（90）

第四篇　评课制度的建立与完善

对听评课制度实效性的思考⋯⋯⋯⋯⋯⋯⋯⋯⋯⋯吴红霞（97）
"2＋2"评课制度之我见⋯⋯⋯⋯⋯⋯⋯⋯⋯⋯⋯⋯黄　雪（103）
改进评课方式，促进教师专业成长⋯⋯⋯⋯⋯⋯⋯⋯李　静（108）
听评课制度的反思和重建⋯⋯⋯⋯⋯⋯⋯⋯⋯马丽丽　张　烨（114）
校长如何评课⋯⋯⋯⋯⋯⋯⋯⋯⋯⋯⋯⋯⋯⋯⋯⋯周红军（120）

第五篇　评课现场
——教、评的激情互动

"捕捉有趣的镜头"评课现场 …………………………………（127）
"新老师印象记"评课现场 …………………………………（142）
"第一反应之后"评课现场 …………………………………（156）
"母亲"评课现场 ……………………………………………（172）
"围绕中心写具体"评课现场 ………………………………（188）

第六篇　深度解析
——追求评课的更高境界

《晏子辞千金》课堂实录与点评 ……………………………（203）
《泪珠与珍珠》课堂实录与点评 ……………………………（228）

第一篇

我们以什么样的心情评课
——追寻评课的意义和价值

观课，提炼课堂生活的故事

林高明

我的一位有30年教龄的朋友常常抱怨，为什么读别人观看的课堂描述，总有那么多意味深长的故事，而我却很少遇到有故事的课堂呢？或许，不是课堂上缺少故事，而是我们缺少发现故事的眼睛。

因为，我们观课时缺乏"寻找故事的意识，看不出其中的子丑寅卯，所见到的无非是教师提问、学生回答，学生做作业、教师点评辅导……观课者无论如何都无法将这些场景复原成事件。而意义产生于事件，观课者缺乏对于事件的提炼与梳理，就可能造成"意义的失落"，就无法真正地进行"有效的观课"。这就如同一名读者打开书页，读到的只是一字、一词或段落，却无法将全文联系起来，自然就不懂文本的真实内容了。

有的观课者因为看不到一波三折的"故事"，所以觉得观课过程索然乏味，进入课堂就如同置身汪洋大海，感觉茫茫然，一无所获。

善于观课者能够在纷繁复杂中洞察其中交织的故事，轻而易举地用一个或几个故事把诸多的教育教学环节、细节不枝不蔓地描述出来：教师的表现及其心态、学生的状态及其心理、气氛与情境的呈现……在教学故事的引领中，我们身临其境般地回到了课堂生活，回到了教育现场。

叙说教学故事，其重点就在于发现课堂教学生活中的情节，亚里士多德在解释情节时，称情节包含着"结"和"解"。"结"就是矛盾纠结，盘根错节；"解"就是迎刃而解，化解冲突。情节就是一系列矛盾。课堂生活是错综复杂的矛盾统一体：导与思、集体与个体、课堂空间与生活外延、学习时间与学习内容、苦学与乐学、抽象与具体、动与静……这类矛盾都不是以生硬的概念形态表现在课堂中，而是以活生生的教学生活形态出现。它不会孤峰突起，让人一目了然，而是融入于教学生活之中，有时，稍不留神，它就悄无声息地转瞬即逝。

可以这么说，没有矛盾就没有故事。那么，观察课堂，寻找故事，重要的一点，就是要观察教学生活中的矛盾之处，而这矛盾之处常常处于师生或生生冲突之际（包括情绪冲突、思想冲突、观念冲突、价值冲突），其外在的表现有大笑、混乱、讨论、突然间的沉默、突然间的中断……下面是笔者在一次观课中采撷的课堂故事：

在一次教学比赛中，一位女教师为一年级的小朋友上体育课。做完热身运动后，女教师开始组织全班学生分成4组进行传球接力跑比赛。一年级的小朋友一听说要进行比赛，个个兴奋得大喊大叫、又蹦又跳，有的小队齐声呐喊："我们必胜！必胜！必胜……"

教师宣布了比赛规则：每组的第一名学生听到哨声就抱着红色的篮球跑到30米处的一个圆圈内，把红篮球放在圈内，将圈内的黄篮球抱起来，往回跑，把它交给第二名学生，第二名学生又如此这样跑一趟，再交给第三名学生……看哪一组的小朋友跑得快。孩子们好胜心十足，一个简单的比赛游戏就足以让他们热情如火地投入其中。随着一声哨响，加油的声音不绝于耳。女生们步子小而碎，男生们个个则是跑得飞一般的快。第三组与第四组的学生遥遥领先，第一组与第二组的学生显然在动作各方面都比较慢。

"加油！加油！"第三组、第四组学生的喊声越来越响，眼看冠军组就要决赛出来了。小男孩们个个涨红了脸，憋足了劲，争先恐后地跑着。两组都只剩下两个人了，第三组的一个男孩子跑得稍快一点，他正准备换球时，看到第四组的一个球往场外滚去，就放下抱住的球径自替第四组把球捡回原处。现场的教师一阵大笑，对面第三组的学生急得直跺脚，嚷嚷道："别管他们的球，快往回跑啊！"结果，这样一耽搁，第三组最后一名学生比第四组的最后一名学生稍慢一步到达终点。第四组的学生一阵欢呼，而第三组的学生们，个个对着那个替他人捡球的男孩大加指责，怨他不应该帮倒忙，当叛徒！大有群起而攻之的架势。那个男孩局促不安地站在队伍的边缘。有个大个子的小调皮，还挤兑他说："去，你是第四组的人，别站这儿……"他哭丧着脸，不知所措地低着头。而对这一切，教师都视而不见，她只是按常规集合整队，然后，宣布比赛结果。于是，队伍中又起了一阵小小的骚动，那个男孩子又成了众矢之的……

这个故事中的矛盾，是小男孩在比赛中帮其他小组捡球，以至自己的小组功败垂成，于是，教学中就出现了"做好事"与"当叛徒"之间的矛盾，小组与个人之间的矛盾，教师自顾自地进行教学与不闻不问突发事件之间的矛盾，学生们的冲突与教师行为之间的矛盾……

当然，这个故事的"结"还未"解"。如果你是那位教师，面对这种情况你将如何处理？这则故事又给你留下了怎样的启示？

观察一节课，所能读到的东西也许是包罗万象的，但正因如此，常常让人眼花缭乱、目不暇接，结果是收获甚微。其实，在我看来，能够从看似水波不兴的课堂中，提炼出情节生动的故事，并品味故事的背后意义，那么，我们就可以说，这节课我们不虚此行！

只恐 45 分钟，载不动许多评

纪现梅

连着听了两节课。一节是胡适的《我的母亲》，讲课的是一位文静秀气的年轻女教师，举手投足间却颇有些洒脱之气。一节是张海迪的《老奶奶》，讲课者是一位敦实的男教师，醇厚的嗓音颇为煽情。这两位教师讲课前都有领导模样的人做过介绍，但我却不记得他们尊姓大名了。

因为是公开课，按老规矩，听完课是要评课的，于是实验中学那略有些阴暗的会议室里就慷慨激昂、百家争鸣起来。

老纪是无名小辈，遂正襟危坐、洗耳恭听。愚笨如我，慢慢地，竟也听出了些道道：评者皆会用一表示转折关系的复句来表达自己的真知灼见。先是充分肯定、大肆褒扬，比如，教态自然、教学思路清晰、双边活动充分，等等，条分缕析、头头是道。然后，用"但是"一转，于是，所有的中国人就都心领神会：这才是重点。

不由为自己的聪明沾沾自喜起来，却也没耽误那些"诚挚的批评"如洪水一样涌入我两只可怜的耳朵。

"我觉得在分析课文的时候，应该先组织学生讨论，这样更有利于调动学生的积极性。"我坐在最后排，看不到讲话者的脑袋，只听到一个浑厚的男中音这样建议。

"在阅读方法上，老师的指导应该再具体些，让学生有章可循。"是一个甜甜的女中音，这肯定是一个漂亮的女教师。

"我觉得老师的范读还不够，应该用各种方式来读，普通话的、方言的。"为证明自己建议的必要，此人即兴范读了一部分，动情动性，于是掌声雷动。

悄悄环顾四周，发现大家都很投入：点评者，他们是知无不言、言无不尽作谆谆教诲状；被点评者，他们是频频点头、奋笔疾书作谦虚谨慎状；听众，他们是全神贯注作若有所思状；讨论主持人，他们是双目灼灼、满面红光作踌躇满志状。

不由感慨，语文界，真是热闹！

其实，语文课之热闹，我们并非始作俑者，当然，也不可能是终结者。从工具性到人文性的论争，旷日持久；从创建各种各样的模式到打碎各种各样的模式，日新月异；从教师的滔滔不绝到明文规定教师讲解最多不超过5分钟，朝秦暮楚。总而言之，怎一个"热闹"了得！遗憾的是，语文教学的"少慢差费"现象仍然普遍存在。

透过这些纷繁复杂的热闹，作为一线教师，老纪突然记起陈日亮老师的一段话：45分钟的一节课，五六十平方米的一间教室，六七十个学生的一个群体，在这种特定的环境下，教师能进行多少"自主探究"的活动？能组织多少像模像样的合作式学习讨论？那么多学生，能够每一个都加入"对话"的行列吗？在国外，班级学生数在30个以内方适于语言教学，在小学，人数还要减半，这样，教师也容易调动起全体学生的学习激情。评课者可以居高临下地指导说"你们应该做什么，怎么做"，可是，站在讲台上的教师呢，却只能考虑"能够做什么，怎么做"。

是啊，课堂45分钟，确乎是载不动这许多评的。

拿这两节课为例，课堂上基本上都没有学生自读的时间。据教师说，这一环节是放在课下预习里的。呜呼，语文学习的核心是什么？是读。而他们却把这一核心放在了课下。难道我们的语文老师不知道阅读之于语言学习的重要性吗？非也，非不知也，亦非不为也，乃不能也！如果一堂课的大多时间是让学生自我阅读、自我感悟，教师只是优哉游哉地晃来晃去，那些评委专家听什么呢？课后，他们肯定会这样评：这样的课，教师的指导性体现在哪里？教师不讲，学生自己怎么会懂，要是这样可以的话，那还要语文老师干什么？

于是，我们的语文老师只好偃旗息鼓、诚惶诚恐、改弦易辙地大讲特讲，直讲到把学生的读挤到 45 分钟之外去，讲到评委满意，讲到专家点头，讲到所有听众颔首称赞！

一切，都只是因为，这是公开课！

孰不知，在这个过程中，除了教师，还有一个更可怜的角色，那就是学生。大凡一堂公开课，讲课的教师总是要大读特读，读原文、读资料，在充分占有各种资料的基础上，他自然也就感悟到很多。而学生呢，仅读了一遍课文，有时教师为了"节省"时间连让学生读一遍的时间都没有给足，却要求学生跟着教师的水平去理解、品味、赏析课文。可怜的孩子，这与让一个从未跨过栏的人与刘翔比赛跨栏有什么区别？况且，人家比赛还不要求这个人赶上刘翔的水平，而我们却要求这些孩子与教师亦步亦趋，想想他们茫然的、气喘吁吁的狼狈样子，呜呼，老纪无话可说。

茅盾曾经提出过两种阅读方法："一边读，一边回想他所经验过的相似的生活，或者一边读，一边到现实的生活中看。"从他的话中，我们可以看出，无论什么方法，自主阅读皆为基础。没有学生充分的自读，一切都无从谈起。换言之，没有学生自主阅读的语文课只能是无源之水、无本之木的空中楼阁，那些所谓的点评也就是建立在子虚之上的乌有。

所以，现在，我恳求那些总是对语文课堂教学指手画脚、评头论足的所谓专家们，饶了语文老师，放语文一条生路吧！语文的学习，就是语言的学习，在语文课上，只要学生读了，悟了，足矣，哪怕是公开课——课堂45分钟，真的载不动这许多评！

第一篇 我们以什么样的心情评课

网 上网下总关情

柯清真

听课、评课是教研员的一项常规性工作，也是教研员密切联系一线教师的最佳途径。经过几年的实践，我深深感悟到评课是一项技巧、一种智慧、一门艺术。

评课因范围、规模、任务的不同，采用的形式也应有所区别。对于检查性听课、指导性听课可以采用单独形式评课。对于观摩示范课、研究探讨课，可以采用集体公开形式评课。在评课的方式上，我一般采用网上网下相结合的评课方式，让评课更实在，更具实效性。但无论是哪种评课方式，我认为都应将温润的话语渗进每一次的评课中。

我们都知道，教师的心理其实和学生是一样的，也希望得到大家的鼓励与肯定。因此，在日常的听评课中，听课者应尽量做到以师为本，努力成为一线教师教育教学的服务者，对于评课的语言也应尽量使用教师易于接受的。比如，提建议时多用："如果能……就更好了""还可以……""……还有待加强"等语言。

在一次听课中，我听课的对象是刚毕业的新教师。她上的是阅读课《翠鸟》，一堂课听下来，应该说她还是认真备过课的，基本上能抓住文本的重难点进行教学，但教学环节不够紧凑，每个环节在时间上的安排也不够科学。至于学生是否进入学习状态，教师也不能很好地把握。因此，整节课下来，虽然教师教得很辛苦，有效性却不尽如人意。对于这类新上岗的教师，在评课时，我们应该清楚她们正处于成长中，不能给予过多的批评指责，要用发展的眼光看待她们，充分保护和调动她们的积极性。因此，在评课时，我采用一对一的座谈方式，询问其这节课最得意的是什么地方？有什么地方觉得不满意？再侧重从备课、上课的基本思路以及驾驭课堂的能力上对其进行评价，找出不足，激励她努力上好课，尽快胜任教学工作，步入正常轨道。

对于学科骨干教师的课，我喜欢将评课延伸至网络，让教师在博客上通过你来我往的交流切磋，深入探讨教学中出现的问题。由于教师有更多的时间进行思考，评课时也会更到位。我感觉这样的评课方式不仅参与面大，而且有利于帮助教师反思和总结自己在教学中的优势和不足，分析产生问题和不足的根源，从而不断改进自己的教学实践，促进自身的专业成长。

在一次全区性的教研活动中，我区的名师江老师上了一节公开课——三年级的"语文园地五"。由于传统的评课方式是面对面的交流，很多教师往往碍于面子，只讲执教者的优点，少提甚至不提反面意见，这样，一些真实的想法就不能很好地反映出来，而且，由于时间的限制，每次研讨只能请三、四个教师进行评课。而网络教研所具有的隐蔽性，可以使教师不再有这些顾忌，肯定什么、不同意什么，都能比较大胆地表达出来。为了听到更多更真实的声音，我将评课方式延伸至网络：先请每位教师以书面的形式对这节课进行评价，接着，由各学区备课组长对评课稿进行整理，形成学区评课稿，最后，将这些评课稿连同授课教师的教学设计和反思发到我的博客上，让更多的教师学习、交流，并与授课教师进行互动。我发现很多教师在肯定优点的同时，都能提出较为中肯的意见或建议。

评价一：这节课给我们最大的感受是：教师教给了孩子学习的方法，让孩子学会发现、学会思考，引导孩子在具体的语言环境中学习，真正实现了在生活中学习语言的目标。在教学中，教师注意采用多种教学方法来调动学生的积极性，注意归纳总结并教给学生学习方法；在练习中渗透了修辞方法和朗读的训练，力求让学生从多方面掌握语文学习的特点；注意发掘教材资源，有意识地让学生积累语言材料，为写作打下基础……

一点小建议：由园地一导入新课是否太过烦琐？导入新课应该力求快捷有效。另外，本学期的课时那么紧，这么细致地上课的确理想，但来得及吗？

评价二：听江老师的课备感亲切，这是一堂扎实质朴的语文课。总体来讲，这堂课注重语文的工具性，把语言文字的训练落到实处。形式多样的训练值得我们借鉴和学习。导入部分采用笑话的形式，新颖且激发了孩子的学习兴趣。充分利用直观的课件，不但创设了良好的教学情境，还帮助学生有效地进行各种练习。教师的语言也值得一提，简洁明了，能从学生的实际情况出发，把听说读写能力的培养和具体语言环境相结合，目标明确而有效……

几点小建议：①导入部分花的时间如果能再简短些，课堂会更显详略有致；②课堂上如果增加一些游戏环节，教师多下讲台倾听学生，或许课堂气氛会更活跃，更轻松愉悦些，课堂也更多一些自主、多一些生成与精彩！

评价三：今天有幸又听了一节鼓一小江卫红老师上的三年级下册的"语文园地五"。与上次听的江老师的《赵州桥》一课相比，感觉这节课更加朴实。

在这节课上，教师主要通过上"我的发现"让学生懂得，同一个字在不同的语言环境中，所表示的意思是不同的。教师通过教学，让学生掌握了要理解词语在句子中的意思，可以有查字典、放入句子中、换词法等方法。让学生学会使用工具书、学会正确的学习方法，为他们的终身学习打下了良好的基础……我觉得这节课的另一个可取之处是，教师把课上得非常形象、生动。运用幽默小故事来导入新课，孩子们感到很有乐趣，学起来兴致就很高……

对于这节课，值得我借鉴的还有很多方面，我就不一一细说了，有一点看法，我想提出来与大家共同探讨：老师在教学儿歌中的8个生字时，请学生来归类，学生把生字分为：形声字和非形声字。可是学生把"桂"放在非形声字一类，老师也表示赞同，我个人觉得"桂"也应是形声字，它的声旁是右边的"圭"字。不知所说是否正确，如有说错，望请见谅！

江老师：刚上完课时我十分期待着同行们的点评。由于网络问题，直到今天才看到，虽然离开课时间已经很久了，但心中的感激之情还是无法用语言来表达，只能轻轻地对大家说一声："谢谢！"其实，对于我来说，既然上了公开课，我就要把自己的一些想法上出来。我喜欢上一些不同课型的、有自己想法的课。虽然这些课有很多不足，但毕竟都是自己从心中孕育出来的，就像自己的孩子一样。有这么多关心我的同行朋友们中肯的意见、真挚的关心，我想我会进步的。谢谢大家，我一定会努力！

执教者与听课者在博客上畅所欲言、各抒己见，各种思维相互交融在一起，撞击出智慧的火花，字里行间充满了肯定与希望。这样的评课方式更有利于引起教师对教学思想和教学方法的思考，真正起到民主研讨的作用。可以说，博客使评课焕发了生命活力。

一言一语总关情。无论哪种评课方式，我想，如果我们多些人性化的关注，那么，我们的教师在漫长的教学工作中将会走得更舒坦、更自信。

在发现中追寻评课的更高境界

朱华贤

在中小学学科教研活动中，听评课是最为普遍的形式。深入、细致、专业的评课，对执教者和听课教师都会有很大的帮助，尤其是对于涉足教坛时间不长的年轻教师。听而不评，犹如学而不思，食而不化。评课怎么评？怎样的评课才是最理想的？笔者以为，根据评课的不同作用，大体可以分为以下4种形式。

一是对照判断式。有些人评课，往往以某一种教学理论为标尺，然后一一对照课堂教学实际，作出明确的判断：哪些安排是符合理论的，哪些环节是不大符合的。这种评课有助于教师对教学理论的学习，能使参与者对新的理念有更直观和具体的理解。但是，这种评课有一个弱点，有的评课者往往会把某一种教学理论作为唯一正确的标准，排斥其他理论，从而影响评课的科学性。由于教学理论和课堂实际是不可能完全对称的，某一种教学理论不可能覆盖课堂的全部内涵，课堂的现实内涵比理论内涵要丰富得多，这种评课方式就极可能有失偏颇，或者过于狭隘。

二是原因剖析式。原因剖析式是在对照判断式基础上的深化。有的评课者不但能根据教学理论对一堂课作出恰当的判断，而且能具体分析成败的原因。比如，课堂散乱，原因是没有明确的主线串联，或者是没有找到最佳切入点，或者是目标过多。再比如，基础知识没落实，教学内容过于空泛，原因是学科的性质和特点被严重忽视了。这类评课有助于教师找准毛病，改正缺点，以免重蹈覆辙。但这种评课有"亡羊补牢"之嫌，容易停留在修修补补阶段，对授课教师提高教学能力的帮助有限。

三是献计献策式。如果说原因剖析式是"破"，那么献计献策式则是"立"。这是一种用建设与创立来代替判断和分析的评价。评课者的起点较高，能为执教者提出具有建设性的意见。例如，建议可以细致到问题设计、环节安排、线索切入、板书构成等方面。由于评课者通常具有丰富的教学经验，还具有较强的实践能力，提出的建议往往合情合理，因而，这种建议常常能给授课教师以启发，想他们所未想。但是，这种评价也往往局限于某一节课或某一类内容，作用较为有限。

四是独特发现式。在独特发现式评价中，评价者本着以人为本的思想，以见微知著的敏锐性与洞察力，既有广阔的视野，又有注重发展的历史眼光，既着眼于某一类教学内容，又不局限于这一内容，宏观与微观兼顾，现实与历史参照，在评价中，常常有一种"于无声处听惊雷"或"那人却在灯火阑珊处"的独特发现，这是一种比较理想的评课，能使人顿悟，达到思想认识上的升华。

独特发现式课堂评价大致有以下几种类型：

1. 发现原创性亮点。如今的教师，不但文化素质普遍比较高，而且吸收的信息量很大也很及时，又善于借鉴和灵活运用。因此，在课堂实践中，许多教师都在努力探索和尝试各种新思路、新手段、新方法，其中不乏原创性的亮点。评课者一旦发现这种原创性的亮点，不管其是否成熟，都需要给予肯定，以鼓励教师继续创造。从大的方面说，原创性亮点有两方面，一是教学思想观念的突破与创新，二是教学设计的独特与巧妙。例如，有一位教师在指导话题作文《笔》时，通过构词成句的方法来引爆子题。先让学生在"笔"前加一个动词，于是，就有了《买了一支新笔》《借笔记》等子题；随后，又让学生在"笔"后加动词或形容词，又有了《钢笔旅行记》《钢笔弄丢之后》等子题；接着，让学生在"笔"前加一个修饰词或限制词，构成偏正式复合词组，学生又想出了《我喜爱的钢笔》《爷爷的古董笔》《烦人的笔》等子题；最后，教师不拘一格，让学生围绕"笔"自由组词构句，这又引出了更多子题。子题引爆越多，表明学生的思路打得越开，这就使他们能够充分选择适合自己表达的独特材料，这无疑是一种有创意的指导方法。

2. 发现普遍性现象。有些评课者可以从一节课、一个环节设计、一种活动形式中，看到普遍的现象，想到规律性的问题，即由点到面，把具体问题放在广阔的教学背景下来审视，将其作为典型案例来解剖。这种评课，它的意义已经远远超越了一堂课本身，对授课者与听课者都具有指导意义。例如，有一位教师在听一节阅读分析课时，发现授课教师用这样三个问句贯穿课堂全过程：一是"你最喜欢学哪一段？"二是"你感悟到了什么？"三是"你想对他说什么？"评课时，联系到其他阅读课，这位教师觉得这几句话已成了新课程实施以来阅读课的惯用语，有的教师更把这些惯用语当作时尚且每课必用。这种现象产生的主要原因是受几位特级教师观摩课的影响，而这显然是需要理性思考与对待的。于是，评课时，这位教师提出问题：课堂教学应该怎样看待流行语和流行模式？课堂教学是不是都得崇尚流行？这个问题，无疑应引起大家的思考。最后，评价者提出自己的观点：课堂教学是极具个性的艺术，别人用得好的，不一定就是自己也能用的。教学没有时尚，教学应当摒弃浮躁。教学崇尚的是独特而鲜明的个性，是真实和真诚，是深厚的积淀。这种评价具有一定的战略眼光，它所发挥的作用则是全局性的。

3. 发现个性化品质。文如其人，课如其人。听课者可以从两三节课中窥探出一位教师的性格，也可以从两三节课中把握教师大致的教学风格。教学应该有个性风格，但风格的形成需要有一个完善的过程。在评课时，评课者需要准确把握教师的教学风格，再帮助其逐步完善。比如，教学需要激情，可有的教师表现得过于张扬，以至声音尖厉、动作幅度偏大；再比如，教学需要沉稳和理性，可有的教师过于冷漠和拘谨，语言没有感染力、表情僵化，等等。教学可以风格各异，但都需要考虑适合与恰当。所谓适合与恰当，就是与教学对象和教学内容的高度吻合。只有适合与恰当，才能使教学个性产生魅力，才能闪耀教学风格的光辉。评课时，评课者要努力为教师的教学风格、个性保驾护航。

4. 发现根源性问题。课堂中，一个不为人留意的细节、一句随口而出的问话、一个不经意的动作，都可能隐藏着丰富的教学内涵，但往往也因其细小而容易被许多人忽略。高明的评课者能够从细微处发现深层次问题。例如，一位教师在分析课文《为中华之崛起而读书》时问学生："周恩来这时几岁？"学生们齐声回答："十二三岁。"教师："同学们，你们现在几岁？"学生："十二三岁！"教师逼视学生："你们的年纪和当年的周恩来差不多，你们有他这样伟大的志向吗？"学生不假思索地道："没有！"教师："是的，我们谁也没有他这样伟大的志向！可是，周恩来从小就有，多么了不起啊！"对这个片段，细心的评课者发现了问题：有些教师在教学中，有意无意地让学生一次又一次地"跪下"。在涉及那些赞扬伟大人物或英雄人物的内容时，有的教师总是在不经意间拉大了学生与文本人物的距离，用贬抑孩子自我形象的方法来抬高伟人；有的教师则引导学生用教徒般虔诚的目光去仰望文本中的伟大人物。教育本应该让人活得有自信、有尊严，不管面对的是怎样伟大的人物。评课者的这一发现抓住了一些教师思想深处的无意识沉淀，进行根源性的挖掘，能引发教师进行深层次反思。

评 课评什么

李普权

评课的目的无外乎两种：一是对课堂教学的优劣作出鉴定，二是对课堂教学成败的原因作出评析，帮助执教者总结经验教训，提高教学认识。所以，评课一般从以下四个方面进行。

一、评教学效率

评课，首先要求鉴别出课的优劣。评教学效率，不仅要评出教学效果的好坏，还要算一算时间账。教学效果好，但容量小，属于整体教学效率不高；弄简成繁，枝节问题纠缠不休，表现明显徒劳无功，属于局部教学效率不高。评教学效果，一是看学生学到多少东西，受到哪些教育；二是看学生获得了多少激励和满足。前者主要体现在学生知识的增长、学习方法的获得、技能的训练、智力的发展、情感的陶冶、意志的锻炼，以及思想方法、政治观点、道德信念和价值观的形成等方面，它是当堂课教学效果的实质所在。后者主要体现在对学生学习兴趣和信心的培养上。

评教学效果，要结合预定的教学目标、具体的教学内容、现实的教学设施设备条件以及学生的学力状况、班级性格等进行。一般来说，如果没有明显的遗漏或遗憾，达到了既定的教学目标，就可以视其为教学效果好。

二、评教学思想

教学思想是教学行为的灵魂，是教学实践和教学价值观的体现。教学思想的优劣，不仅决定着教学行为的方向，还影响着教学效果的好坏。所以，针对课堂教学的成功与失败，首先应从教师教学思想方面作出肯定与否定的评析。具体来说，从教学的宏观模式来看，该堂课是素质教育的模式，还是应试教育的模式；是对社会需求和学生的终生发展负责，还是对学生的一己一时（升学）负责。从教学的微观过程来看，教授与反馈是否注意到教育对象的全体性；教与学的组织是否体现教师"主导"与学生"主体"的角色作用；知识传授、能力培养、德育渗透等是否出现了顾此失彼的现象。评教学思想要有针对性，要针对目前教育的"时弊"来评。目前教育"时弊"的主要表现是："填鸭式"、灌输式教学；重知识、轻能力，忽视德育；重视可能升学的少部分尖子生，忽视大多数升学无望的后进生等。评课者要明确反对什么，提倡什么，围绕素质教育的大方向，努力纠正错误的教学思想，向教师灌输科学的、先进的教学思想。

评教学思想，不等于空洞的"上纲上线"，它要求我们联系与教育方针、政策、法规、现代教育的价值取向相关的教学理论，结合教学过程中暴露出的实际问题，有理有据地进行评析。这一方面是宣传正确的教学思想的需求，另一方面也是让执教者心服口服、发挥评教功能的需要。在听评课活动中，我们时常碰到一些"教学水平高"的教师，讲起课来口若悬河，一发难收，只知"自得其乐"，不知"与民同乐"，全然不顾学生的情绪与反应，更不必说给学生充分思考和作业（动口、动手）的机会和时间了。可以想象，这种缺乏或很少让学生参与的"精彩"教学，是很难收到预期的教学效果的。这种问题主要出在教师的教学思想上，必须通过提高他们的教学认识予以纠正。

三、评教学态度

如果说教学思想决定着教学行为的方向，那么教学态度就决定着教学行为的努力程度。教学态度是否严谨认真，主要从以下三个方面看：一是教师在教学设计时，对教材、大纲及学情是否研究透彻、把握准确。如果教学目标不够明确、具体或过高过低，重、难点把握不准，教学内容的内在逻辑结构不清楚，出现知识性错误等，首先就是一个教学态度的问题，是教师课外的工夫下得不够造成的。我们之所以不将其归因为教学水平问题，是因为目前教师基本上是"科班"出身，且各类配套"教参"齐全。二是课前准备是否充分。教案不熟、教具不全；演示实验课前不试做，课堂上出现问题；课堂表现慌乱以至丢三落四，出现明显的教学遗漏等现象，就属于课前准备不充分。三是课堂表现是否严肃。偏离课题夸夸其谈，浪费有限的教学时间；不注意留心学生的反馈和情绪反应，表现目中无人；遇到偶发事件，采取不负责的处置方法等现象，就属于课堂表现不严肃。

评教学态度，一是要结合教学常规、工作要求，以体现教学管理的严肃性；二是要结合教师本人的成长进步，动之以情、晓之以理，帮助其确立正确的教学态度和人生态度。评教学态度，要注意就事论事，不可笼统直言"教学态度"好坏，也不可夸大其词，更不可就事论人。

四、评教学基本功

端正教学思想、严肃教学态度是搞好教学工作的前提条件，教学基本功则是提高课堂教学效率的基本保证。所谓教学基本功，笼统地讲，是指教师从事教学实践活动所必须具备的知识和技能，在课堂教学中具体表现在以下几个方面。

1. 教学模式的选择与运用。教学只要是有准备、有计划地进行，就必须存在一定的基本阶段和格局的顺序，存在一定的教学程序和教学方法的组合。教师选择什么样的教学模式才能优化课堂教学，可以从两方面衡量：一是体现启发性原则，因为它主张的是意义学习，反对机械学习，这是现代教学模式的一个起码标准；二是体现目标性原则，即模式的选择要与教学目标要求相符。如我国近年来探讨的"指导—自学式"，又叫"学导式"教学模式，它适合于需要学生牢固掌握知识技能，培养学生自学能力和自学习惯的教学。"引导—发现"式又叫"问题式"教学模式，它注重学生的独立活动，着眼于对学生思维能力和意志力的培养。

2. 教学组织能力。模式的选择只决定教学的基本形式和框架，而要使教学过程"活"起来，关键要看教学组织是否有效。教学组织分为教与学的组织，教学内容与教学手段的组织。对于课堂教学组织，目前尤其要注重学生学的组织。因为学生的"学"未组织起来，教学活动就不可能按照既定的目标进入"状态"，教学目标就不可能较好地达成。

3. 教学行为策略。教学行为策略主要是指课堂提问的策略、处理学生回答问题的策略、激发动机的策略、提示信息的策略（包括板书、演示、视听方法等）、收集和处理信息的策略、引出见解的策略、作出结论的策略，等等。孔子曰，"不愤不启，不悱不发"，《学记》中讲"道而弗牵，开而弗达"，以及西方古代教育家苏格拉底的"产婆术"等，都强调在启发引导学生作出解答上，要把握"火候"，讲究教授的行为策略。教师的教授行为策略在很大程度上左右着教学组织的效果，并且，教师只有讲究教授行为策略，教学工作才能达到艺术般的高度，给人以艺术般的享受。值得一提的是，有些课堂教学自始至终一问一答，热热闹闹，由于问题频繁而肤浅，学生大多是不假思索地回答。这种看似"启发式"教学的"有序"开展，不仅不能真正开启学生思维的大门，还可能导致学生日后更深刻的思维混乱。

4. 教学机智与表现力。教学机智即教师在教学活动中的应变能力和即时组织力，主要体现在对课堂偶发事件的处理上，能否因势利导，使教学活动不越轨。教学表现力即教师运用各种教学工具的能力，它包括语言表达力、情感表达力及运用教学仪器设备的操作能力等。教师只有做到身心一体化，才能让学生真切地感受到教学要求和教学影响，可以说，这是教师的"演技"。

5. 理论功底与知识面。教师的理论功底，一方面表现在课堂教学设计是否科学、实用，另一方面表现在课后对课的理性分析，能否据理"自圆其说"。教师的知识面主要表现在课堂教学中，能否根据当时的教学需要，信手拈来相关知识充实教学，扩大学生的知识面，使课堂教学更加丰满。教师知识面广，还有利于"博学多才"形象的建立，为教师增添几分魅力。

6. 教师的气质表现。教师的精神状态、仪表体态、举手投足的风格等都对学生有着重要的影响，正如一位日本学者说的，"教学工作是以教师的整个人格决一胜负的职业"。

评教学基本功，要注意区别被评对象而有所侧重：对于一般教师，重在评其教学设计的目标性、逻辑性，教学操作的规范性、技巧性等方面，以促使他们较好地适应教学工作，达到"会教"；对于骨干教师，重在评其教学过程构建的创新性、开拓性，教学操作的艺术性和个性化，以促使他们进入教学改革的前沿阵地，形成自己独特的教学风格，成长为学科教学的领路人。对于同一层次的教师，评教学基本功还应注意抓主要矛盾，分析主要问题，使教师明确主要努力方向。

评课需把握的五点常规内容

杨德林

一、从教学目标上分析

教学目标是教学的出发点和归宿，它的正确制订和达成，是衡量一节课好坏的主要尺度，所以分析一节课首先要分析教学目标。现在的教学目标体系是由"知识与技能，过程与方法，情感、态度与价值观"这三个维度组成的，体现了新课程"以学生发展为本"的价值追求。如何正确理解这三个目标之间的关系，就成了如何准确把握教学目标、如何正确评价课堂教学的关键了。

有人把课堂教学比做一个等边三角形，而知识与技能、过程与方法，以及情感、态度、价值观就恰好是这个三角形的三个顶点，任何一个顶点得不到重视，这个三角形就不会平衡。这无疑是一个很恰当的比喻，形象地表现了这三个目标的相互依赖关系，反映了这三个目标的不可分割性，缺少了任何一个目标的达成，一节课显然也就不完整了。

二、从处理教材上分析

评析一节课上得好与坏不仅要看教学目标的制订和落实，还要看执教者对教材的组织和处理。我们在评析一节课时，既要看教师教授的知识是否准确科学，更要注意分析教师教材处理和教法选择上是否突出了重点、突破了难点、抓住了关键。

三、从教学程序上分析

教学目标要在教学程序中完成。教学目标能不能实现要看教师教学程序的设计和运作。缘此，评课就必须要对教学程序做出评析。教学程序评析包括以下几个主要方面：

1. 看教学思路设计

写作要有思路，上课同样要有思路，这就是教学思路。教学思路是教师上课的脉络和主线，它是根据教学内容和学生水平两个方面的实际情况设计出来的。它反映了一系列教学措施要怎样编排组合、怎样衔接过渡、怎样安排详略、怎样安排讲练等。

教师课堂上的教学思路设计是多种多样的。为此，评课者评教学思路，一是要看教学思路设计符不符合教学内容实际、符不符合学生实际；二是要看教学思路的设计是不是有一定的独创性，给学生以新奇的感受；三是要看教学思路的层次、脉络是不是清晰；四是要看教师在课堂上教学思路的实际运作是否有效。我们平时听课看到有些教师课上不好、效率低，很大程度上就是因为教学思路不清，或教学思路不符合教学内容实际和学生实际等造成的。所以，评课必须注重对教学思路的评析。

2. 看课堂结构安排

教学思路与课堂结构既有区别又有联系，教学思路侧重教材处理，反映教师课堂教学纵向教学脉络，而课堂结构侧重教法设计，反映教学横向的层次和环节。它是指一节课教学过程的各部分的确立，以及它们之间的联系、顺序和时间分配。课堂结构也称为教学环节或步骤，课堂结构的不同，也会产生不同的课堂效果，可见课堂结构设计是十分重要的。通常一节好课的标准是结构严谨、环环相扣、过渡自然、时间分配合理、密度适中、效率高。

了解授课者的教学时间设计，才能较好地了解授课者的授课重点、结构安排。授课时间设计包括：①计算教学环节的时间分配，看各教学环节的时间分配和衔接是否恰当，看各教学环节有无前松后紧（前面时间安排多，内容松散，后面时间少，内容密度大）或前紧后松现象（前面时间短，教学密度大，后面时间多，内容松散），看讲与练的时间搭配是否合理等；②计算教师活动与学生活动时间的分配，看教学活动是否与教学目的和要求一致，有无教师占用时间过多，学生活动时间过少现象；③计算学生的个人活动时间与学生集体活动时间的分配，看学生个人活动、小组活动和全班活动时间的分配是否合理，有无集体活动过多，学生个人自学、独立思考、独立完成作业时间太少现象；④计算不同层次学生的活动时间，看他们活动时间的分配是否合理，有无能力强的学生占用时间过多，落后学生占用时间太少的现象；⑤计算非教学时间，看教师在课堂上有无脱离教学内容，浪费宝贵的课堂教学时间的现象。

四、从教学方法和手段上分析

评析教师教学方法、教学手段的选择和运用是评课的又一重要内容。

什么是教学方法？它是指教师在教学过程中为完成教学目的、任务而采取的活动方式的总称，但不是教师孤立的单一活动方式，它不仅包括教师的教学活动方式，还包括学生在教师指导下"学"的方式，是"教"的方法与"学"的方法的统一。评析教学方法与手段包括以下几个主要内容。

1. 看是不是量体裁衣，优选活用

我们知道，教学有法，但无定法，贵在得法。教学是一种复杂多变的系统工程，不可能有一种固定不变的万能方法。一种好的教学方法总是相对而言的，它总是因课程、学生、教师自身的特点而相应变化的。也就是说，教学方法的选择要量体裁衣、灵活运用。

2. 看教学方法的多样化

教学方法最忌单调死板，再好的方法天天照搬，也会令人生厌。教学活动的复杂性决定了教学方法的多样性。所以评课既要看教师是否能够面向实际恰当地选择教学方法，同时还要看教师能否在教学方法的多样性上下一番工夫，使课堂教学超凡脱俗、常教常新，富有艺术性。

在教学中，教师注重引导学生将获取的新知识纳入已有的知识体系中，真正懂得将本学科的知识与其他相关学科的知识联系起来，并让学生把所学的各种知识灵活运用到相关学科中去，解决相关问题，加深了学生对知识的理解，提高了学生掌握和综合应用知识的能力。

3. 看教学方法的改革与创新

评析教师的教学方法既要评常规，还要看改革与创新，尤其是评析一些素质好的骨干教师的课：要看课堂上思维训练的设计、要看创新能力的培养、要看主体活动的发挥、要看新的课堂教学模式的构建、要看教学艺术风格的形成等。

充分利用现代信息技术，是教学发展的时代要求。信息技术为教师提供了更广阔的知识空间，为各科教学注入了新的活力，为教师传授知识、学生学好用好知识提供了坚实的技术保障，已成为教师教学的工具、学生学习的工具。可以说，信息技术是人们用来获取知识、传授知识、运用知识的媒介。

现代化教学呼唤现代化教育手段。"一支粉笔，一本书，一块黑板，一张嘴"的单一教学手段不应再独占课堂。看教师教学方法与手段的运用还要看教师是否适时、适当地用了投影仪、录音机、计算机、电视、电影、电脑等现代化教学手段。

五、从教师教学基本功上分析

教学基本功是教师上好课的一个重要方面，所以评课时还要看教师的教学基本功。通常，教师的教学基本功包括以下几个方面的内容。

1. 看板书。好的板书，首先，设计科学合理；其次，言简意赅；再次，条理性强，字迹工整美观，板画娴熟。

2. 看教态。据心理学研究表明：人的表达靠 55％的面部表情＋38％的声音＋7％的言词。教师课堂上的教态应该是明朗、快活、庄重，富有感染力；仪表端庄、举止从容、态度热情、热爱学生，师生情感交融。

3. 看语言。教学也是一种语言的艺术。教师的语言有时关系到一节课的成败。教师的课堂语言，首先，要准确清楚，说普通话，精当简练，生动形象有启发性；其次，教学语言的语调要高低适宜，快慢适度，抑扬顿挫，富于变化。

4. 看操作。看教师运用教具，操作投影仪、录音机、计算机等的熟练程度。

六、从教学效果上分析

巴班斯基说："分析一节课，既要分析教学过程和教学方法方面，又要分析教学结果方面。"经济工作要讲效益，课堂教学也要讲效果。看课堂教学效果是评价课堂教学的重要依据。课堂效果评析包括以下几个方面：一是教学效率高，学生思维活跃，气氛热烈。这主要是看学生是否参与了、投入了，是不是兴奋、喜欢，还要看学生在课堂教学中的思考过程，这是非常重要的一个方面。二是学生受益面大，不同程度的学生在原有基础上都有进步，这主要看教师是不是面向全体学生，实行了因材施教。三是有效利用 40 分钟。这主要看学生是否学得轻松愉快、积极性高，当堂问题当堂解决，负担合理。

课堂效果的评析，有时也可以借助于测试手段。即上完课，评课者出题对学生的知识掌握情况当场做测试，而后通过统计分析对课堂效果做出评价。

综合分析还包括从教师教学个性上分析、从教学思想上分析等。整体评析法的具体操作，不一定一开始就从 7 个方面逐一分析评价，而要对所听的课先理出个头绪来。怎样理：第一步，从整体入手，粗粗地看一看，全课的教学过程是怎么安排的，有几个大的教学步骤；第二步，由整体到部分，逐步分析各个教学步骤，要分别理出上面的 7 个内容；第三步，从部分到整体，将各个教学步骤理出的内容汇总起来。然后再按照一定的顺序，从全课的角度逐个分析评价。

总之，课堂评价直接影响新课程改革的进程，只有全面、客观、公正的评价，才能保护教师的课改积极性，正确推进课改走向深入。

评课怎样让每个参与者都有收获

杨映川

评课，顾名思义就是对所观察的课进行评价和讨论，是在一定范围内围绕着教师身边发生的具体而真实的教学案例进行的一种教学研究。

评课具有很强的针对性和现实意义，是开展校本教研的重要途径，也是对教师进行过程性评价的重要体现。有人认为，教师在台上讲课是在"炼"，课下评课是在"锤"，只有经过这样的千锤百炼，才能促进教师的专业成长，才能不断提高全体教师的教学水平，推进教学质量的全面提升。

一、评课首先关注课程目标最优化

评课，首先要明确什么样的课才是好课。好课的标准不仅仅在于教师讲得多么精彩透彻，也不只是在于学生多么积极活跃、课堂气氛多么热烈，而是围绕一个中心点，即"是否达到了课程目标的最优化"。

什么是课程目标的最优化呢？这里涉及两个方面的问题，一是课程目标问题。想通过一节课来落实三维目标、培养学生的能力，是不现实也是不可能做到的，我们要根据课程标准和课程内容的特点有选择有侧重地、科学而合理地设定目标。二是实现最优化问题。所谓最优化是就实现的广度和深度而言的，想通过一节课使所有学生都上升到同一个台阶、达到同样的水平，同样是不现实也是不可能的。就实现的广度而言，就是使所有学生都有所获，都得到不同程度的发展；就实现的深度而言，就是使每个学生在各自原有的基础上得到最大限度的提高。

要实现课程目标的最优化，只有通过两个基本点，即教师的"教"和学生的"学"有机结合和相互作用才能达到。因此，任何形式的评课都要围绕着课程标准最优化这个中心和它的两个基本点来进行。

二、评课要实现参与者的多维互动

要评课首先要进行课堂观察。由"听课"到"课堂观察"，不仅仅是称谓上的变化，更主要的是体现了理念上的变化。不仅要听，更主要的是去观察。听课者要把自己当成教学活动的参与者而不是旁观者，要参与到教师的教学活动和学生的学习活动中去，以获取第一手材料，为后面的评课作好充分准备。只有听好课才能评好课，才能在评课时做到有的放矢、有感而发，才能把课评得有理有据。

评课者要明确所评课的性质与课型。对于不同性质的课，评价的侧重点也应当有所不同。初试、汇报课要关注常规和基础，要善于发现并指出被评者的教学潜能以及发展前景；研究、探索课要重点关注和评价被评者所研究的问题，不能求全责备；示范、竞赛课要关注教学活动的全过程，要从各个方面全方位地去评价，要善于捕捉其闪光点、发现其独具的特色和创新点。

通常情况下，评课活动主要有教师与教师之间互相评课、教学管理者对教师评课、教学研究者对教师评课这三种形式。无论何种形式的评课，起主导作用的都应该是评课者，而主体性应该更多地体现在授课教师和旁听教师身上。活动组织者要明确这种关系，在活动的流程、时间的安排等方面要协调处理好三者的关系，使所有参与者都能各尽其能、各有所获。为了尽可能地扩大受益面、充分发挥评课的作用，无论针对什么类型课的评课，还是什么形式的评课都应当在适当的范围内公开进行。

现代教学理念要求教师在课堂教学中要绝对避免"一言堂"。同样，评课活动也不能搞成"一言堂"的形式，要把评课活动由"证明式"和"鉴定式"转变成双向互动、平等交流的探究式和引领式。要创设宽松和谐、平等自由的评课氛围，实现评课者、被评者以及旁听者之间充分而有效的沟通，使所有参与者都能够畅所欲言，通过充分的讨论、交流甚至争辩，激发学习的激情、点燃思维的火花、释放教学的潜能，达到相互学习、共同进步的目的。

评课者不仅要评价，还要在评价中渗透启发、点拨、引领，要善于倾听、主动学习、参与讨论。被评者不仅要倾听，还要在倾听中思考、领悟、总结，要敢于答疑、释疑和说明。旁听者不仅要旁听，还要在旁听中思考、领悟、学习，要换位思考：假如我是被评者我会怎样教？我是评课者我会怎样评？要有参与意识，要尽可能地参与到讨论和交流之中。

三、评课要运用恰当的方法和原则

评课者评课时要有认真负责的态度、实事求是的精神、坦率诚恳的热情，用发展的眼光看待被评者，用学习的心态看待自己，要允许并坦诚面对不同的声音，一般要把握以下10个原则。

一是导向性原则。评价的目的不是鉴定，而是为了发展，评课者不仅要关注教师的操作层面，更要从其教学过程中所体现的教育思想、教学原则、教学理念等潜隐层面去发现、点拨和引领授课者，要有意识地弘扬先进的教育思想和教学理念，要鼓励教学创新、提倡教学个性，引领教师朝先进的教育思想和教学理念的方向去发展。

二是实事求是原则。评课只是一种学术范围内的评价、讨论和交流活动，不涉及人情世故等其他外在因素，评课者要有责任意识，不能因为顾及面子、情绪等其他因素而该说的不说、该点的不点。

三是坦率诚恳原则。只有授课者与评课者在相互平等、真诚的情况下，才能实现有效的沟通。评课者不能以居高临下的姿态去说教，要双向互动、平等交流，要努力实现与所有参与者和谐沟通。

四是激励性原则。没有教学自信的教学是不堪设想的，评课者在评课过程中不仅要时刻维护教师的教学自信，还要通过评课来帮助教师寻找自信、培养自信、强化自信。评课时要"优点谈足，缺点抓准"，要评出特色、点出创新。对于某些优点很少的课，不妨将优点拆大为小分开评、缺点归类抓主要的说。

五是正确归因原则。评价是为了改进，评课者在指出问题的同时还要帮助教师找出造成这些问题的原因以及改进的方法，要通过评课帮助教师转变教学理念，改进教学方法，优化教学手段，促进教师的发展。

六是重点突出原则。一节优秀的课不可能尽善尽美，同样，评课也不可能面面俱到，要根据课型和要解决的主要问题，抓住课堂教学中的主要问题进行评论，不能因要求过多过细而抑制了教师对教学个性的追求和教学创造力的发挥。

七是兼顾整体原则。不要孤立地评议一节课，要考虑这节课的内容与前后内容的关系，只有将这节课放到学期教学这个大背景下进行评议，才能真正理解教学设计者的意图、思路和方法，才能在评议时做到有的放矢、有理有据。

八是换位思考原则。对授课教师的不足，换位思考自己能否避免；给授课教师提出的意见，换位思考自己能否做到。

九是差异性原则。除竞赛课之外，评课者在评课时要考虑教师的阅历、教学经验、性格特点等个体因素而对其教学进行有针对性的评议，不能整齐划一、求全责备。要充分尊重教学的独特性，倡导教学的创造性，发扬教学的艺术性，鼓励教师创造性地开展教学工作。

十是互利共赢原则。评课是一个多方受益、互利共赢的活动，除被评者和旁听者之外，评课者也要以学习的心态去参与，要取他人之长补自己之短，要通过评课来丰富和完善自己的教学理论，提高自身的理论素养和学科学术素养，促进自身的专业发展。

课堂教师语言观察与分析
——对刘义玲老师"识字4"的教学分析

刘芝艳

本节课是二年级上册语文"识字4",本组教材围绕"怎样看问题、想问题"这个专题,选编了一些能给人以启迪的成语和故事,让学生在阅读中识字,在阅读中感悟生活的哲理。"识字4"选了三组成语,这些成语与本组课文内容有一定的联系。怎样上好这堂课,刘义玲老师设计、把握得比较好。下面就我们观察的"课堂教师语言"分析如下。

一、教师语言观察与分析

在本节课中教师在评价学生时使用了以下评价语、激励语、引导语:

1. 噢,非常棒!
2. 同学们的耳朵真灵敏!
3. 非常棒!
4. 你猜的字谜真好,非常棒!
5. 哦,××有那么多点子啊!
6. 有的同学读得有点儿慢了,有的同学都把生字读完、排完了,一定要边读边排。

7. 刚才××同学做得很好，他先读了课本上的成语，然后说出其中的一个字考组里的同学。同学们也要这样做。

8. 我说停（我就停），小身体（坐端正）。

9. 认真看好了，孩子们！

10. 哎哟，真棒！

11. 男生读得响亮，女生读得清脆。

点评：课堂评价语，是课堂教学中教师对学生的学习行为，主要是对学生的发言和朗读等表现给予的即时评判。而刘老师在她的这堂课上，也比较注意这一点，较好地运用了评价语和激励语，例如，在鼓励学生用自己喜欢的方法识记生字时，刘老师对于第一个学生的猜谜语记字法给予了充分的肯定，学生们便一而再、再而三地编起字谜来，虽说内容有的不尽合适，但学生的识字兴趣却大大地被调动了起来，因此我觉得刘老师的评价语使用是有效的，它比较好地激发和调动了学生学习的积极性和创造性，使学生获得了积极的情感体验，帮助学生树立了自信心。遗憾的是，在这堂课上，"你真棒""非常棒"这种既含糊又夸张的表扬声出现的频率太高，教师如果总是用这种口头禅式的空洞语言来评价学生，或者让学生轻而易举地得到奖励，久而久之，学生是不是也会变得浮躁、麻木，批判力锐减，承受挫折的能力下降呢？最好不要让学生，认为只要发言就能得到老师的表扬，从而使学生忽视了对问题的思考，抑制了学生创造性思维的发展。

二、师生对话（提问）

本节课教师提出的问题较多，以下是我所记录的部分问题：

1. 故事讲完了，谁能说出这个故事的名字？

2. 谁能像老师一样给同学们读一读课文？

3. 他读得怎么样？谁来评一下？

4. 噢，他的声音小（低）了，谁能再大声地给同学们读一下课文？

5. 谁来说说他哪儿读的有错误？还有发现问题的吗？

6. 看屏幕，这些字有没有易读错的？提出来跟大家说说？

7. 谁能给大家区分一下"彰"和"障"？

8. 我相信每位同学都有自己识字的方法，谁来说一说你是怎样记住这些字的？

9. 谁还有其他的记字方法？

10. 谁想和老师一样来考考大家？

11. 谁还想来考考大家，注意考的时候要用课本上的词语。

12. 谁来说一说，写字的时候，我们要注意什么？

13. 凭自己的经验，你认为哪个字容易出错，找出来提醒一下大家。

14. "落"和"拔"用部首查字法，需要查什么部首？

课堂提问是一门科学，更是一门教学艺术，并且是教学中用得最多而又很难用精、很难用巧的艺术。有位教育家曾经说过："小学教师不谙发问的艺术，他的教学是不容易成功的。"阅读教学全在于如何恰当地提问和巧妙引导学生作答。这节课上，刘老师对学生的提问次数无疑是很多的，但提问的质量却不是太理想。好的提问，应该是难易适中，能以一当十，既可以评价学生、检查教学，又可以体现学生的主体地位，并进行启发式教学。刘老师在这堂课上曾就一个问题提问过多个学生，例如，导课部分，刘老师讲完故事后，提问学生：谁能说一说这是一个什么故事？她本想让学生回答是成语故事，但学生却并没有回答出她想要的答案，只是说了故事的名字，刘老师当时真的有些着急了。出现这种情况的原因就是教师对问题思考不够全面，没有预设好可能出现的问题。另外，在说容易出错的字时，提问的学生人数也多了点儿。

三、提问次数及对象

提问次数 12 次以上；听课学生共 32 人，大约有 28 人被老师提问。从这个数字上我们可以看出，刘老师的提问范围是比较广的，较好地检查了学生的听课效率，也避免了提问只叫部分学生回答，而挫伤其他学生学习积极性，致使他们的学习兴趣和学习能力下降的情况。不过，有的学生被提问的次数还是多了一些，今后的课堂上教师应注意这一点。

四、提问的结构

有一定的层次性，首先是知识性的识字、写字教学，目的就是让学生认识生字，能在识字的基础上读熟成语，把生字写规范，这是小学语文教学的重点所在，所以刘老师在这个层面上所提的问题比较多，用时有 6 分钟，占了整堂课 1/6 的时间。其次是拓展环节，教师给学生提供了几个课外的成语故事，是对课堂教学的延伸，可惜的是，这一环节由于时间关系，进行得比较仓促。

五、候答时间

教师留给学生的思考时间不是很多，原因估计有两点：一是问题的难度不太大，二是很多学生听到教师的提问后，没有多考虑就举手了，教师也就开始让学生回答，没有照顾好其他学生。另外，这节课最后的拓展环节，由于时间的关系，教师用的时间太短，学生的学习效果不太理想。

六、提问是否有效

从本节课刘老师所提的问题来看，绝大部分提问是有效的，这些提问能引起学生思考，激发学生的学习兴趣。

七、提问的时机

刘老师这节课上对提问时机的把握还是比较好的，例如，在指导学生写字前，刘老师针对写字所需要注意的问题进行了提问，这既是在提醒全班同学写字时的注意事项，又是在检查学生的学习习惯，一举两得。在写完字后，教师又就"落"和"拨"两字，考查了学生对部首检字法的掌握情况，效果不错。

八、提问后的评价

提问本身，能鼓励和督促学生对课程进行及时的消化、吸收。提问的效果则又优化了学生原有的认知结构，回答对的，其原有的认知结构就得到了肯定和强化，回答不对的，就能及时调整改变有欠缺的认知结构，所以，教师对学生回答的评价绝对不能少。而且在评价时，不能用简单的"好"与"不好"或者是"对"与"不对"来评价，应该运用一些评价的技巧。我觉得，刘老师在这节课上对学生回答的评价，很及时，也很有特点。一是少批评、多鼓励。例如，"哦，××有那么多点子啊！""你猜的字谜真好，非常棒"等。我记得有这么一句名言，"积极的鼓励比消极的刺激来得好"，它说明鼓励的作用是非常巨大的。而教师带有鼓励性、欣赏性的评价更容易激活学生的思维，激发学生主动学习的积极性，营造出民主、和谐、活跃的课堂教学气氛。二是评价与要求同在，例如，"刚才××同学做得很好，他先读了课本上的成语，然后说出其中的一个字考组里的同学。同学们也要这样做。"

九、提问的语速、语气、语调、表情等

低年级的孩子，上课时注意力容易分散，对于老师一成不变的声音、呆板的语言、生硬的说教，总是提不起兴趣。因此，低年级教师在教学中应充分运用肢体语言来辅助课堂教学，用激昂的语言、活泼的动作来吸引学生，使学生真正主动地学习，能起到意想不到的效果，课堂教学质量也相应的会得到提高。刘老师在她的这堂课上，使自己的教学语言和肢体语言达到了完美结合。讲故事时，她能绘声绘色地吸引学生；评价学生精彩的回答时，她能满怀激情、异常兴奋；对回答失误的学生，她一撅嘴、一扭身，满脸的遗憾和不高兴。总之，刘老师的一言一行都让我们觉得她和孩子们之间是真正平等的。

十、课上话题、成语故事是否与教学目标有关

本课的教学目标：认识9个生字，能朗读成语。教师在教学中始终围绕这两项目标来进行授课，经历了课堂的导入、新课的讲授（读课文、写生字、拓展）、目标的达成等几个环节。成语故事（拔苗助长）的导入，是对本课内容的引入。新课讲授中的读正音、写准字，都是让学生反复练习，强化训练，加强印象。拓展部分激发学生的学习兴趣。目标达成部分由于时间仓促，学生练习的时间少，今后应突出对这部分的训练。

十一、解决学生问题的方式、手段

解决学生问题的方法和手段是多种多样的。导入部分对未能答出标准答案的学生提供及时的帮助,使其认识成语故事。新课讲授部分则是对学生注音、读音不准时使其反复练习直到学好为止;对学生在书写中容易出现的问题,则让他们认真校正,反复练习。

总体来说,教师对学生学习中出现的具体问题,进行切实到位的处理,如"蒂"的读音是"dì",还是"dǐ",教师针对学生的学习实际对其进行反复校正。这样既解决了问题,又使学生加深了印象,非常好。这样的处理方法在本课中运用得很多。当然,也有个别地方处理不当,如导入部分提问学生"这是什么故事?"时,由于问题过于笼统,学生的答案也就不能达到教师的要求,所以,"成语故事"这一答案也就不能及时地呈现在教师的面前。

总评

1. 形式多样

教师的课堂语言分"肢体语言"和"口头语言"。在本课中,教师的肢体语言丰富多样,课堂上,教师的面部表情使学生感到亲切,既使课堂上师生关系融洽,又能督促学生学习。另外,教师依据不同情况,不仅能及时到学生近前给予指导,拉近了与学生之间的距离,还能及时解决个别学生在学习中出现的具体问题。在课堂上,教师运用最多的是口头语言,口头语言运用的是否得当直接关系到课堂教学的成功与否。本课中,刘义玲老师的课堂语言不仅丰富多样,而且亲切自然,从而很好地保证了课堂效率,效果明显。

2. 机会适当

教学过程中，如何提高学习效率，是评价课堂优劣的关键。在什么时机起引导、激励的作用，来更好地引导学生学习也是教师要注意的。刘义玲老师的课堂语言选择的机会就很恰当。引导语，在于引导学生沿着正确的思路进行学习，如"谁能像老师一样给同学们读一读课文？"这句话的意思是希望学生读准、读好课文，教师是在范读、学生反复阅读的基础上让学生再来读课文，不仅是熟读课文，还在于让学生充满信心。激励语、评价语是在学生回答问题正确的时候，教师能给予恰当的评价，使学生牢固掌握所学知识。如在学生读完课文之后，当听众的学生中有不少人立即举手，指出其读错的字音，此时教师用了"同学们的耳朵真灵敏！"来激励、评价学生也是非常恰当的。总之，教师在这节课中，运用适当的课堂语言，提高了学生学习的积极性，保证了课堂质量。

3. 继续提高

由于这节课的教学对象是低年级学生，教师在课堂上除去评价语、激励语、引导语之外，还有许多其他的语言，显得比较"满"，使得学生的课堂练习少了，发言也少了，教师是否可以再精简语言，让学生有更多的时间进行活动与锻炼？

怎样才能评好课？

杨德林

教师上好课是为了提高课堂教学质量，领导听课是为了了解教师的备课程度、上课水平，从而了解学生的课堂学习效率、学习效果。领导评课的目的是根据听课后的感悟材料来激励教师怎样能更好地备好课、上好课，也是为了督促、帮助课备得不细、课上得敷衍了事的教师更好地提高与进步。可以说，听好课、评好课都是为教好课服务的，那么，怎样才能评好课呢？

第一，从听好课入手，记好听课时的第一手材料。

通常我们听课做记录有两种形式：一种是实录型，这种形式如同录音机一样，如实地记录课堂教学的全过程，仿效的用意很多，这种记录方式一般不可取。因为听者记的多，想的就少。另一种是选择型，选择授课者的某一侧面或某些问题，而选择记录内容的依据是根据听课者的需要，如主讲人的优势所在、课堂的特色、存在的问题等。

第二，从记录的材料中思考评课时应点评的内容。

评任何一种课，评者都应从教的角度去看待执教者的优势、特色、风格、需改进的地方、需商讨的问题，更应从学的角度去看待主体的发挥程度、学的效果和学生的可持续学习情况、学生思维的活跃性、学生活动的创造性等。

第三，倾听授课教师的自评，做出对点评内容的取舍。

授课教师有刚参加工作不久的新教师，也有经验丰富的老教师，有新秀、有骨干，也有能手、名师，有活跃型、也有内向型，有严肃型、也有可亲型，形形色色，各有差异。作为评课者，为了达到评课的目的，一定要学会察言观色，学会倾听其自评，从而做出判断，做出对点评内容的取舍，切不可一意孤行。因为任何人的点评都是"仁者见仁，智者见智"的评无定法，无法用条条框框的标准准确量化，只有评课者与执教者达成一致，点评才能落到实处。

第四，思考以什么方式进行点评，实现点评的目的。

实事求是地讲，我们分析授课教师的心理也好，倾听教师本人的自评也好，其目的不是为了迎合教师，而是为了激励、督促或帮助，所以了解点评的形式很重要。就目前而言，点评有以下几种形式：

1. 先说优点或是值得学习的地方，再提出研讨的问题。这种形式比较多见，评课者大都有这种传统的心理：良好的开端是点评成功的一半。

2. 先谈需研讨商榷的问题，再把优点加以点评。这种点评开门见山，有针对性，但使用时一定要注意指出问题的数量不要太多，抓住主要矛盾即可。

3. 在每一条"优点"中，再重新加以设计，提出改进方向，以求更好。这种评课方式容易给听者思路不是很清晰的感觉，需要评课者有一定的语言组织能力。

4. 评者只谈体会，不直接谈优点和不足，而是通过富有哲理的体会，给授课者留下思考、留下启迪。这种点评层次较高，评课者需要具有一定的教学理论功底，需因人而异。

第五，加强学习，勤于思考，使点评别有一番风味。

笔者参加了近一年的局属中学研讨课赛课点评工作，收获很大，深深感到要想真正评好课，必须加强学习，学习新的教学理念，学习教育学、心理学、美学、演讲与口才等知识，学习课的模式，掌握学科特点，熟悉各种课型，并在实践中学会推敲点评的语言，这样才能给优秀者锦上添花，给不足者雪中送炭，使点评别有一番风味。

第三篇

课堂好坏的标准是什么

制定语文课堂标准的思考及目的

窦桂梅

曾经参加过一些"好课标准"的评论,并发表文章。由于每个人的"尺子"不同,自然观点不一,或说这,或说那,总之,没有达成共识。也有人说好课"统一"就坏了。这话没错,但课虽然不同,也有相同,即课堂基本构成元素——教材、教师、学生,三者相遇,形成碰撞,生成智慧,实现有效的课堂。

说得轻松。如何制定一个教材不同、内容不同,但以上基本内核相同的评课标准,让听课教师评课时有所依托?十多年前,听我的课的领导专家,主要看我是否完成预定的认知目标。我的备课从"设计"出发,将课堂组织得"井井有条",尽管有时也把学生调动得"兴趣盎然",但现在,像这样只完成认知目标的课显然称不上是一节好课。

随着这些年教育教学改革的深入,我们的评价标准也在不停地变、变、变。可改了几年了,还是觉得有些问题。

标准依然"丝丝入扣"——严重控制了教师的灵活。就拿公开课来说,教师不敢拿出原汁原味的课,就是怕评委们说:"漏洞百出"或"千疮百孔"。包括我的课,有些场合也要迎合评委们、听众们的"口味"——因为，很多时候，每个人心中那把固有的旧的尺子始终没有抛掉。于是，我们看到有的教师评课，就像按照上紧了弦的石英钟一样，看你的"分针""时针"是不是有条不紊一步一步"走"着。看你什么时候讲授，什么时间提问，什么时候升华——每一步是否巧妙，达到"天衣无缝"的程度。

标准依然"样样俱全"——严重束缚了教师的灵性。在传统的课堂教学评价中，指标可以说十分完备，而且每一项指标几乎都有固定的要求。甚至，每一项多少分数，都要一分一分地打，直至打到最后的 100 分。现在，改良了许多，简化了一些，变成"教学目标明确""教学进程安排合理""课堂提问精炼""多媒体运用恰当""板书设计美观""教态自然""语言流畅"等项。这些标准层次不清，更多的还是关注教师，关注事先的"预设"。这些条条框框甚至"密密麻麻"的锁链，依旧会把课堂"禁锢"起来。

评课的目的到底是什么？制定课堂评价标准难道就是为了说这堂课好不好？

经验告诉我，知道怎么评课，就应该怎么备课；知道怎么评课就应该怎么上课。制定比较可行的评课标准，就是要让教师沿着这个标准去备课，巡着这个标准去上课。

用课堂评价标准给别人评课，意味着，你要认真考虑人家是怎么备课的，这样，教师就不仅仅是评课，而且是"学课"，要能够及时调整自己的课堂，发现教学的新契机，所获得的知识将会成为自己教学行为的一套行之有效的学案。

可见，抓住了评课的"牛鼻子"，就抓住了备课和上课这两个重点环节，就很好地把"评课""备课""上课"三者连成了一条线——路，就直了起来。"备课""上课""评课"就成了教师三位一体的专业成长之路。

于是准备着手研制评价标准表。当然，这个评课标准一定是为了提高课堂教学质量，使学生学有所得，教师教有长进；一定要有鲜明的学校和学科特色；一定要体现教师个人的教学特色。

把什么当做突破口呢？我想到了这些年研究的"语文主题教学"，依据研究理念以及思考实践的经验，我开始尝试制定评价标准。

我们知道，任何改革尝试都像小苗，需一点一点地长成大树，一步一步地突破和提高。这不像突然发现金矿一样，一下就可以拿到一堆令人惊喜的"宝贝"。因此，拟定课堂教学评价标准必须充分考虑这种现实，分阶段拟定。

首先，我结合主题教学的主题特色构建了属于其个性特点的三个维度，即"温度、广度、深度"的界定及关联，并撰写文章发布到网上，让学校语文教师阅读学习后再讨论。语文教师对这三个维度达成共识后，围绕这三个"度"进行备课，教后再围绕这三个"度"说课，评价自己教学中是否达到了应有的"高度"，几个度的构建是否"适度"，也就是说，看自己的教学是否符合教学规律和学生学习规律。

然后，引导教师们上课、评课也要体现这三个"度"。教师们听课的时候，引导他们从这几个"度"来衡量别人的课。渐渐地，你会从教师们听后的评价中，发现"这堂课的广度还可以，比如……""这堂课师生气氛活跃融洽，明显感觉学生被尊重，体会到浓浓的温度……"

行动有了，就开始动笔搭架子，依照一级分类的三个维度，围绕"教材、教师、学生"的二级要素，制订三级具体要点的考核，接着找学科组长一起进行初稿讨论，最后全体语文教师提建议。

在制定评价标准的过程中，我们也充分想到语文学习的模糊性是无法量化的；语文内容的包罗万象是一堂课不能完全包容的；语文的形象性、人文性也是不能完全用具体的表格来格式化的。因此，课堂教学评价标准既不能太抽象，也不能过于具体：太抽象，教学与评价难于捉摸；过于具体，容易束缚教学者、评价者的手脚。现在流行的许多评价标准，就是太具体化，搞得教学者、评价者无所适从——也就失去了制定评价标准的意义。

在制定语文评课标准表的时候，强调"因材施评"的同时，还强调了以下三点：

整体性——教学是一个整体，教师是一个整体，学生的学习也是整体的。也就是教学既要关注学生的情感态度价值观，又要体现知识和能力，更要体现过程与方法，这几者互相关联、螺旋上升，最后形成一个整体。

生命性——听课一定要看课堂是否鲜活，当然不是热闹。一定要看学生的状态，看看学生是否主动参与、乐于探究、勤于动手；是否培养了搜集和处理信息的能力、获得新知识的能力、分析和解决问题的能力以及交流与合作的能力；是否是在教师指导下主动、个性地学习。

发展性——要看课堂是否有张力，即"亮点"或"疑点"。因此，标准表还专设"感言"一栏，这样才会引起教者或听者深入的提升或警醒。再有，还要看课堂是否体现了教者个人的魅力。以往这一点，我们常常忽视，所以我们评课只看课中的学生和最终的效果，往往不太注意能够推动这堂课产生不同"味道"的教师是什么样的。因此，在标准的"高度"一栏，还要关注教师的个性特点，呵护教师的个人风格，最终让其实现特色教学。

为了让评价标准表成为教师之间彼此沟通的"桥梁"，在评课中要注意两点：

真诚——要善于从课堂信息中，敏锐地捕捉到闪光点，哪怕只是一丁点儿合理的内容，也要给予充分肯定。当然注意不要把誉美之词当做廉价施舍，要做到心诚意切，对被评者高度负责，绝不敷衍了事。所以一堂课好的地方和不足之处都要指出来，要善于"从鸡蛋里挑出骨头来"，但绝不可主观片面地随意否定。

客观——教师要善于扮演"公正法官"的角色，及时给予被评者精辟恰当的"判决"，从而使被评者对自己的教学效果和能力有一个科学的评估，进而明确不足，找出努力的方向。这样做可以引起群体动力，塑造出胸怀广阔而协调、人格开朗而灵活、有主见、适应性强的教师团队。

两年了，没有命令，只是引领和潜移默化，大家没有半点情绪，很自然地、很快地达成了一致意见。"标准"打印了出来，教师们已经自觉拿着自己创造的"法则"评课了。有意思的是，在和数学、英语等其他学科教师的讨论中，大家一致同意一级和二级指标的"规定"。只是，在三级具体评价要点中，结合自己学科的特点作了相应的改变，而后形成了自己的学科评价标准，既有不变的规定动作的不折不扣，又有自选动作的有声有色。一个语文评价标准表，给大家提供了分享与启发。真好！

第三篇　课堂好坏的标准是什么

当下评课中几个焦点的辩证性思考

施铁军　王仁甫

焦点一：完整与不完整

常常碰到两种课：第一种，按预定计划，从导入开始到总结结束，有条不紊，环环相扣，下课铃一响，老师刚好讲完；第二种，也按预定计划，但教学流程不完全拘泥于既定框子，而是随课堂现场的状况动态推进，到下课之时，未完成或者超出进度计划。

在传统观念里。第一种是完整的课，第二种是不完整的课。因此，对第一种课一般都会给予不同程度的肯定，而对第二种课，大都给予否定，尽管有时候也有几分赞美。

显然，辩证在这里的评课观念中有一种思维定式：完整的课才是好课。我们认为，这是不可一概而论的。对这个问题应该将其分作 5 个层面：其一，完整的课可能是一节好课。如果既按预定计划推进，又能结合课堂的动态实际，恰到好处地调整预案，有效地达成预设目标，无疑是一堂好课。其二，完整的课未必就是一堂好课。如果不顾现场出现的新问题和新情况而一味按预设的套路硬性推进，这只能属于"任务完成型"的课，称不上一堂好课。其三，不完整的课可能是一堂不好的课。如果是由于教材处理不好，或教学不得法，或时间安排不当，而未完成教学计划，这无疑是一堂不好的课。其四，不完整的课可能是一堂好课。如果是因为某一个难点的解决，或某一个问题的讨论，或某一种活动的延展而打破了预设的时间和空间，从而造成了"任务性完整"的缺失，这样的课也不失为一堂好课。其五，不完整的课很可能是一堂难得的精彩的好课。如果是由于推动现场生成性的主体活动，或解决学生提出的意料之外的问题，或即兴发挥有益的教学灵感，而突破了预设计划，这是不完整中的完整，是生成性的超完整的课，是难得的精彩的课。

焦点二：无"问题"与有"问题"

经常见到以下几种课：第一种，课上完了，教学内容中应有的问题都解决了，学生没有"问题"了；第二种，课上完了，但教学内容中应有的问题，学生尚未完全理解，总有这样那样的"问题"；第三种，课上完了，教学内容中应有的问题已基本解决，但学生还有问题要提，甚至引发出不少思考性问题出来。

在传统观念里，人们一般都比较认同第一种课，而对第二种、第三种课大都加以否定。

辩证在这种评课观念里，也有一种思维定式：课要上得没"问题"了才是好课。对这里的"问题"应该一分为三地说：其一，课上得学生懂了，没有疑难性问题了，这样的课属于一般性好课；其二，课上得学生不懂，还有这样那样不解的问题，这样的课无疑不是好课；其三，课上得学生懂了，并且学生还能提出一些质疑性或探讨性问题，甚至引发出一些思考性问题，这样的课称得上是精彩的好课。

焦点三：外在活跃与内在活跃

课堂是否活跃，从来都是课堂教学的一个评价要素。"活跃"一词，可以说是评课用语中使用频率最高的一个词。但是，就其"活跃"的标准而言，人们通常关注的总还是停留在外在状态上。于是，有人质疑：课堂活跃的内涵究竟是什么？本质性的活跃是外在活跃还是内在活跃？

辩证在这一焦点中也蕴涵着一种思维定式：气氛活跃的课堂才是一堂好课。审视"活跃"，到底是看外在状态，还是看内在状态？回答不可一概而论，应该分作四个层面来说：其一，气氛活跃的课未必就是一堂好课。只是外显状态活跃，而内在思维僵化，能说是一堂好课吗？如果没有多少含金量，就断然不是一堂好课。其二，气氛不够活跃的课未必不是一堂好课。在某些重点、难点和思考点的教学中，如果教师引发了学生的内在思维活动，这时候，就需要创设一种宁静的外在氛围，能说这样的课不是一堂好课？其三，外在气氛活跃与内在思维活跃和谐统一的课是最佳的课。根据教学内容和学生实际的需要，该动口、动手、动笔时，都能动起来，该动脑、动心、动情时，都能动起来，如此动静和谐、内外相融的课堂，则可堪称高层次的好课。其四，只有适合教学内容和学生需要的活跃的课才是好课。前面三点是就一般情况而言，而对"活跃"的评价还得根据教学内容、学科特点、课型以及年段来审定。

焦点四：预案达成与动态生成

据案施教，历来是广大教师的执教模式，而依案查教，也似乎是部分听课人的评教方式。这里的"案"，即"教案"。在传统观念里，凡按教案上课，并且课上得还说得过去的，就会给予相应的肯定。但是，课改以来，一种新的理念不断冲击着这种执教、评教模式，认为课堂教学应该是动态生成的，也就是说，教学应该随课堂状况自然推进，这样的课才是好课。

辩证很显然，后一种理念正在冲击着"按教案施教的课才是好课"的思维定式。我们已经深切地感到：一种执教模式的改革浪潮正在向前涌动。对此问题，我们仍然分三个层次来看：其一，预案设计得好的课可能会是好课。如果教材把握得好，学情了解得透，既设计了"教"的活动，又设计了"学"的活动，按这样的教案上下来，一般来说，会是一堂好课。其二，死守预案的课不会是一堂好课。无论课堂上发生了什么新情况，教师都要把教学路子拉回到预设的框子里来，这种无视主体状态的教学，即使预案设计得好，也不能视为一堂好课。其三，预设性和生成性因势融合的课是最佳的课。课不能没有预案设计，重要的应该是设计好教与学相融的课案，但是，当课堂现场出现新情况、学习主体创造出新情境、自然生成的教育时机冲击着预案的时候，如果教师能够凭借教育机智从预案中超越出来，顺应并推动新的态势有效发展，那么，这样的课是充满教育智慧的最佳的课。

焦点五：教材把握与资源重组

教材把握得是否正确、准确、精确，历来是评课的第一要素。然而，这一标准在现代教育的背景之下，其单一性、局限性很快就暴露出来了。尤其是在主体教育和素质教育实施过程中，人们的教学视野不断扩大，越来越感到课堂教学不能仅仅停留在对教材的单纯把握上，而应该着眼于包括对教材在内的各种教育资源的重组。

这里的资源有两类：一类是教材资源，一类是非教材资源。后者至少有五种：一是学情资源，二是课堂生成资源，三是资料资源，四是辅助资源，五是教师本人的智能资源，尤其是课堂灵感。如何围绕教材把相关的各种资源有效地组合起来，是课改中遇到的一个重要课题。教师们常常犯疑：到底是紧扣教材重要，还是重组教材重要？到底是教材把握重要，还是资源重组重要？

辩正这个问题现在算是提到了现代课堂的本质特征上来了，需要教育界共同探讨。但是，不管怎样，"教材把握得好的课就是好课"的思维定式是必须要打破的。认识这个问题有四个层面：其一，教材把握得不好的课不会是一堂好课，千改万改，把握好教材这一条不能改。其二，教材把握得好的课可能会是一堂好课，如果能正确地理清教材的知识脉络，有效地突破重点，有梯度地分散难点，有方法地让学生学会，并且会学，这样的课无疑是一堂好课。其三，对教材重组得好的课是上好的课。如果根据各种资源，尤其是课堂生成性资源对教材进行重组，这样的课是我们要提倡的好课。其四，对各种资源优化重组的课是具有现代教育特征的好课。如果只把教材作为例子，用教师的学识、智慧和能力把各种物的资源、人的资源，静态的资源、动态的资源，本源性资源、生成性资源等进行有机地动态组合，这样的课，就具有现代教育的特征，无疑是我们要不断探究的高标准的好课。

焦点六：表演与真实

从课堂的公开性角度来划分，有三种类型的课：一是非公开课，即无学生之外的人听的课，具有原生态特征；二是半公开课，即有人随堂听课的课，具有半原生态特征；三是公开课，即有准备地让更多的人听的课，具有超原生态特征。由于各种类型的公开课具有不同程度的"包装"成分，人们颇有微词。2005年12月9日《中国教育报》上杨庆余先生的文章——《表演课是一种腐败》算是对这种微词的尖锐概括，但不久，又有人著文表示了异议。那么，公开课是不是就不该是真实的呢？经过精心准备的公开课是不是就是"表演课"？竞赛性的公开课还需不需要"包装"？诸如此类的问题提到教学研究和评比的日程上来了。

辩证在这里也有一种思维定式：只有原生态的课才可能是好课。辩证这个问题，必须先对"表演课"作一种界定，所谓表演课是指两种课：一是指教师只顾个人展示，而把学生当听众和观众的课，这种课的主要特征是展示性；二是师生课前经过演练再正式上的课，这种课的主要特征是虚假性。如下三种课不能列入"表演课"：一是集体备课一人上课的课，这种课的主要特征是研究性；二是按某种标准（如课程标准）有准备地上的"达标课"，这种课的主要特征是实验性；三是基于某种研究课题或某种教学实验而上的"演示课"，这种课的主要特征是示范性。

根据这种界定，评课的标准就自然出来了：其一，原生态的课和半原生态的课有好课也有不好的课；其二，表演课断然不是好课，因其缺乏教学价值而应该根治；其三，公开课未必都是表演课，如果是基于真实旨在研究的课就可能是好课。试想，倘若没有各种类型的公开课，教学研究怎么能活得起来？

应该说，评课中需要辩证的问题还有不少，本文只提及6个焦点，愿与上课人和评课人共同探讨。

论 发展性语文教育的四大评课标准

王雅萍

　　语文课是基础教育中从小学一年级一直开设到高中的重要学科之一。学生语文素养的水平直接影响到对其他学科知识的理解与运用，国家整体语文教学质量影响着一代甚至几代人的文化素质水平。因而，语文教学一直都受到世人瞩目，语文课堂教学被称为实施发展性教育的主渠道之一。但究竟什么是有效的教学？面向 21 世纪的语文课堂教学质量该如何评价？到底什么样的课才是好课？在语文教学界，几乎没有什么人能够断言"好课"的具体标准，能够说清楚语文课堂上教师该干什么，不该干什么，这和我国目前尚无公认的、比较客观的语文教学评价指标体系有关。"好课"的标准实际上是仁者见仁，智者见智。有的教师往往把学生对语言文字所负载的内容的理解，代替了学生对语言的学习，错误地把课文的内容等同于教学的内容，认为正确地引导学生理解了课文写了什么的课，就是好课。至于引导学生理解课文是怎么写的、品味课文的语言是怎样表达的，则要视情况而定：有时间就讲，没时间就不讲，考试可能考就讲，不考就不用讲或少讲。有的教师把对语言材料的全面分析，代替了学生对语言材料的品味，认为只要能把课文的内容全面地、毫无遗漏地"讲"出来，对文章篇章结构能详尽剖析的课，就是好课。有的教师以对语文知识的反复灌输，代替学生的语文实践，认为只要能准确无误地传授语文知识的课，就是好课。

为此，我们认为，要正确把握"好课"的标准，首要的是辩明发展性教育和功利性教育的区别。发展性教育，在指导思想上以学生为中心；在培养目标上注重学生德智体美劳的全面发展；面向全体学生施教；在教学内容上着眼于对学生听、说、读、写四大能力的培养和语文能力的全面训练；在教学过程中注重学生的主动参与，以学生会学为目的；在教学方法上讲究民主，注意师生合作，进行愉快教学；要求学生当堂理解与消化所学内容，学以致用，使学生负担轻；在教学效果上力求大多数学生都合格，使教学大面积丰收。所谓的功利性教育，在指导思想上则以书本（学科教学）为中心；在培养目标上只重智育；在教学内容上只重视考试内容研究，实行考啥教啥、不考不教的应考策略；在教学过程中忽视学生的主动求知，强制学生"学会"；在教学方法上实行满堂灌，把学生当做容器，无论学生对知识理解的程度如何，都要大量做题，导致他们不堪重负，穷于应付；在教学效果上，大部分学生不合格，少数学生升学。基于以上对好课的理解以及对启发式教学、参与式学习等现代教育观念的理解，我们认为，评价语文课堂教学质量必须树立发展性的教育评价观，准确把握评课的四大标准。

一、衡量教师是否重视学生的主动参与学习

发展性教育理念下的语文课堂教学，应该首先重视学生的主动参与，进行启发式教学，摒弃灌输式教学。语文教学质量的高低，不能以教师的素养高低来衡量，而应以学生学习成效的高低来衡量。学生能否在语文学

习中习得知识、练就能力、发挥潜力、培养创新精神，在很大程度上取决于学生的学习是积极主动参与的，还是被逼无奈而为的，以及积极参与学习时间的多与少。大量研究表明：学生参与学习的程度与参与前的素质是决定学习成绩优劣的最重要因素。怎样利用积极学习时间提高学生的参与程度，把有效的学习时间贯穿到具体目标的学习中去，是教师进行教学设计时必须考虑的，也是评价学生的学习是否有成效的重要内容。发展性教育以调动学生的主体性（包括自主、自尊、适应、创造等）为首要特征，这和以培养学生的主体意识与参与意识为核心的现代教学观念相吻合。学生主动参与，既能活跃课堂气氛，又能让学生积极主动地去感受事物，获取知识，练就技能。有的学校总结出教学中的"七放手"：一是新知识放手，让学生主动探索；二是课文放手，让学生大胆阅读；三是重难点放手，让学生议论；四是提出的问题放手，让学生思考解答；五是结论放手，让学生概括；六是规律放手，让学生去寻找；七是知识结构放手，让学生去构建。衡量一堂语文课是不是"好课"，可以从学生参与学习的状态、参与品质、参与方式、参与时间与广度、参与效果等几个方面进行评价。具体来说有以下几点。

1. 学生是否参与了高水平的认知活动。"学须有疑"，不怀疑、不发问的学生，是不能进入教学情境中去的，也就不能主动求知。参与了高水平认知学习的学生，不仅能够解决复杂的、综合的问题，提出自己有创造性的见解，而且能够将所学知识应用到新的情境，主动提问、质疑，创造性地解决问题。鉴别学生是否参与了高水平的认知活动，可以根据以下六个指标进行考察：①学生能否用自己的话去解释、表述所学到的知识；②学生主动提问的次数；③学生参与解决的开放性问题的数量或一题多解的问题的数量；④学生提供多种解题方法或答案的次数；⑤学生的回答具有创造性的人次；⑥学生能否综合运用几方面的相关知识，解决比较复杂的综合问题，以及学生自己解决的综合问题有多少。

2. 学生主动参与的时间和广度。学生主动参与了语文学习活动，但只是偶尔才有一次，或只是班级一小部分学生参与的课也不能算是好课。衡量学生参与学习的时间与广度，包括：①学生主动活动的总时间。根据研究的结果，学生在课堂上的活动，包括读、写、算、译、操作、演示、板书等项目，主动参与的时间应该占整节课的大部分。一般要求学生参与的时间为一半以上，学生参与程度比较高的课，参与的时间应该在2/3以上。烟台某校有一个不成文的规定：在课堂上，教师的纯讲授时间不准超过15分钟。尽管这是一个过于刻板、未必科学的规定，但它从一个角度说明了这样的问题：课堂上学生主动参与学习的时间长短影响着学生的学习效果。②学生个别学习的时间。学生的个别学习包括独立阅读课文、独立思考和解题，不包括学生的个别发言时间，课堂发言应该算做集体交流的时间。③回答问题与示范的人次。即有多少学生参与了教师的提问，以及准确回答问题的人次。

3. 学生与他人合作的时间、数量和质量。在语文课堂上，学生不应该是单一的回答教师的问题，或只做独立思考，而应积极与他人合作。因此"好课"要重视下面两件事：①学生参与小组学习的次数和时间；②小组学习和讨论有实质性的交流。也就是说，学生小组的学习和讨论，不应该停留在形式上，而应该对学生的学习确实起到交流想法、丰富见解的作用。通过讨论、交流，学生能够解决问题，或者产生新的想法。

4. 学生情感投入的程度。在学生主动参与的课堂上，师生往往有较为明显的情感特征。教师对学生怀有热切的期待，能够激发学生的自信心、上进心；能够创设民主、平等、富有情感的教学氛围，产生融洽和谐的师生关系，消除各种教学障碍，打开师生情感双向交流的情感渠道，实现教学的同频共振。教师以饱满的热情进行课堂讲授和课外辅导，能把学生从枯燥乏味的学习中解脱出来，使他们被学习的内容和学习过程所吸引，从而提高学习的效率。学生有了情感的投入，就有了学习的内在动力，就能从学习中获得兴奋和快乐，有利于保持良好的学习状态，保持内在的持续不断的学习兴趣和需要。学生在语文学习的课堂上投入浓厚的情感，不仅会在课堂上积极思考，下课以后，甚至放学以后，还会自觉地继续学习，直到完成学习任务、自己满意为止。

二、考察教师是否重视对学生创新能力的培养

联合国教科文组织的一份报告中，将传统的教育目标与新的教育目标做了对比，认为传统的教育目标是按知识——实用技能——态度和能力的顺序排列的；新的教育目标则是将传统的顺序完全颠倒过来，按态度和能力——实用技能——知识的顺序排列。在我国的语文教学中，许多教师也首重学生的语文知识掌握情况，不大顾及学生的主体地位和思维方式，这种状况需要转变。全国第三次教育工作会议站在知识经济的高度提出：要全面推进素质教育，并把对学生创新能力和实践能力的培养作为素质教育的核心。我们评价语文教学质量，其核心也应该是考察其能否有效地培养学生的创新能力。是否注意对学生创新能力的培养，将是优秀语文教育家和教书匠的根本区别，是好课与差课的区别之一。

1. 创新能力的内涵。完整意义上的创新能力，包含着一种创新的意识，一种发现问题、积极探求的心理取向，一种善于把握机会的敏锐性，一种积极改变自己并改变环境的应变能力。它是人的综合素质的体现，既有智力特征，又有人格特征。

2. 创新能力培养的评价标准。评价教师的创造力培养表现和学生的创造性表现，可以根据下述标准来衡量：①教师提出了几个开放性问题？

②教师提出一个问题后，允许学生思考的平均时间是多少？教师批评学生或否定学生的次数是多少？③学生的回答有创造性的人次是多少？④学生的提问有创造性的人次是多少？⑤学生主动提问的次数是多少？⑥课堂教学中有多少时间用于学生的独立思考、独立学习或研究？⑦课堂教学中有多少时间用于小组自由讨论？

3. 创新能力培养的评价策略。对学生创新能力培养质量的评价，一般采用观察的方法。观察的内容有：第一，教师有没有在语文教学过程中体现发展性教育的精神，贯彻发展学生创造性思维的教学原则；第二，学生回答教师的提问，以及学生自己提出的问题有没有独创性。对第一项内容的观察，主要是看教师是把自己的思维方式或问题的结论强加给学生，还是启发学生自己思考，让他们得出自己的结论；能否尊重学生的不同观点和意见，是否允许学生自由讨论和争鸣；对有独立见解的学生，是否创设有助于学生求异思维、多向思维的学习氛围，等等。如何评价学生的答问有无创造性呢？可以从四个方面考虑：①能否从多种角度思考问题；②回答问题是否有新意和独创性；③分析是否深刻；④表达是否流畅、意义是否丰富。在语文课的阅读教学中，我们可以分析语文教师在课堂上提出问题的设计角度以及用于创造性教学的时间，以此来评价教师对学生创造性培养的重视程度。教师能否引导学生从不同起点、或不同角度、或不同方向去思考问题，从肯定和否定两个方面去研究事物，能否为学生提供多个思维结论，增加思维的多维性、减少思维的单向性、发展思维的流畅性，让学生有意识地克服思维的惯性、定式的束缚。

三、考察教师是否重视对学生高尚情操和审美情趣的培养

第斯多惠说："任何真正的教学都不仅提供知识，而且给予学生以教

育。"语文训练中智育、德育、美育统一的规律,决定语文教学要教书育人。"道非文不著,文非道不生。"文章的思想内容决定语文形式,语文形式为表达文章思想内容服务。语言文字是思想感情等社会信息的载体,多种多样的语文形式包含着丰富的内容。文章的思想内容与表达形式相统一的规律,决定语文课必须贯彻"文道统一"的教学原则,在让学生学习语文知识、练就语文能力的同时,也要进行高尚情操、审美情趣的养成。中、小学语文教学大纲都以法规文件的形式规定了在语文教育中智、德、美育统一的教学目的。如《九年义务教育全日制初级中学语文教学大纲(试用)》中规定:"在教学过程中,开拓学生的视野,发展学生的智力,激发学生热爱祖国语文的感情,培养健康高尚的审美情趣,培养社会主义思想品质和爱国主义精神。"依纲施教的课,才有可能成为好课。在语文教材中,有《黄河颂》《长江之歌》《雨中登泰山》《岳阳楼记》等课文,可以向学生进行热爱祖国大好河山和名胜古迹的教育;有《坚强的战士》《刘胡兰》《焦裕禄》《人民的勤务员》《周总理,你在哪里》等描写无产阶级革命战士的崇高品质、不朽业绩与伟大风范的内容,可以向学生进行热爱党的教育;有《讲讲实事求是》《卓越的科学家竺可桢》《挖荠菜》等课文,可以向学生进行热爱社会主义的教育;有的课文介绍了我国古代的文学艺术、创造发明、科学成就等,可以培养学生的民族自豪感,坚定民族自信心。通过学习这些课文,学生还可以在领略、欣赏自然美的同时,激发对自然美的追求,提高审美素质;通过让学生了解崇高的思想、美的事物,潜移默化地引起他们心灵的共振,从而净化他们的心灵、陶冶他们的情操。此外,文学作品中包含着丰富的美的内容,如人物美、意境美、语言美等,这些课文中描写社会生活的画卷,再现了人与人之间美好的关系,揭示了社会美的内涵,如环境美、风尚美、生活美、劳动美等,都能够深化学生的审美感受,有助于学生高尚情操、审美情趣的养成。在语文教学中,如果语文教师忽视或根本不进行思想品德、审美情操的教育，就是违纲执教，违反语文教学的基本原则，当然就称不上是好课。甚至可以说，这样的课，连合格都算不上。当然，我们主张在语文教学中适时对学生进行思想品德教育、审美教育，并不是说，要把语文课上成思想品德课，或者在语文知识与能力的训练之后，再硬加上一个思想审美教育的小尾巴，而是提倡首先明确思想教育和审美教育的特点与要求，既要重文也要重道，应因文悟道，因道学文，寓道于文。正如张志公先生所概括的："首先把语言文字弄清楚，从而进入文章的思想内容，再从思想内容走出来，进一步理解语言文字是怎样运用的，带着学生从文章里走个来回。"思想品德情操的教育，要像润物的春雨一样，"随风潜入夜，润物细无声"。

四、评价教师的教学设计是否富有创造性

心理学研究结果表明：教师的创造力大小与学生的创造力大小成正比关系。学生有元创新能力以及创新能力的高低，在很大程度上取决于教师对教学整体设计的创造性高低。语文教学的设计，是教师对课堂教学方方面面的通盘规划、运作筹谋的结果。它能体现出语文教师许多方面的能力，如单元教学设计能力、单篇教学设计能力，以及与之相关的导语设计能力、提问设计能力、练习设计能力、板书设计能力、教学结构设计能力，等等。富有创造性的教学设计，能以丰富的知识和灵活多变的教学方法吸引住学生，充分调动起学生参与学习的积极性和主动性，使学生获得较多的独立思考、创造性思维的机会，从而增强学生学习的效果，提高语文教学的效率。因此，优秀的语文教师无不重视对教学的精心设计。评价语文教师教学质量的好坏，无疑应把教学设计创造性的高低，作为重要的指标之一。语文教师在教学设计中对教学内容思考的深度和广度，是我们评价"好课"

时必须注意的。教师如果没有自己的深入思考，只是照抄教案、教参，按部就班，那千人一面的教学怎么能够培养出有创造力的学生呢？在实际教学中，我们往往能看到这样的现象：某特级语文教师进行了成功的语文教学改革实验，取得了显著的教学效果，一些地区、学校为了快速提高自己的教学质量，就请特级教师来做报告、示范教学，然后要求全体教师按照他的"××教学法"进行教改实验。有的语文教师悉心揣摩、尽力模仿，教学取得了不错的效果。而有的语文教师却不管如何模仿，尝试改革创新，效果总是不理想。对于这样的情况，我们的教学评价就应该一分为二地对待，一方面，我们不主张完全模仿别人的课，教师要有自己的独立见解，要对优秀的有所改进，有所发展。完全模仿的课不能算是优秀的课。另一方面，对于那些进行了自己的思考和探索的教师，无论最后的效果如何，我们都应该肯定他敢于创新的精神。须知，教师教学设计时有意识地创造，是一种极其可贵的品质，是教师有无发展后劲的前提条件。例如，教学议论文，一般的教师都是按提出问题、分析问题、解决问题的逻辑顺序讲授，然后进行单元课文之间的异同比较，学生也都习惯了这种常规教学与思维方式，但是，有位语文教师却这样设计《拿来主义》一课的教学过程：

上课一开始，就解题："拿来主义"这个新鲜而独特的概念，包含着"什么是……"和"为什么这样"两个内容，这就决定了课文要回答这两个问题。从"预习提示"中得知，本文是阐述继承文化遗产的杂文。这样一个抽象的内容，要给人以具体深刻的印象，一般要采用比喻论证的方法。接着，教师引导学生先回答"什么是拿来主义"的问题，让学生先明确拿来主义的基本原则，以"大宅子"为喻，批判了逃避、极左、极右三种态度，再用比喻法阐明了"拿来主义"的具体方法，明确了"拿来"的结论。然后，再引导学生回答"为什么这样"的问题，倒过来，再从课文提示中的时代背景，理清实行"拿来主义"的重要性和迫切性。教师引导学生自学课文的第3、4、6段，从闭关主义、送去主义、送来主义的做法、实质、结果等方面进一步理解"拿来主义"的重要性和迫切性。在此基础上，让学生整理自学提纲，同桌互评互查，初步弄清文意。为明确全文因果关系论证的内在关系，又指导学生阅读了课文的第2、5、7段，然后再利用第10段总结。这种教学设计是教师变通性思维方式在语文教学阅读指导方面的灵活体现。从实际教学的效果看，这种变通的导读法，能使学生较快地掌握全文的中心论点，以及比喻论证、因果论证、观点与材料统一等教学重点，从而提高教学的效果与效率。此外，我们还可以从另一个角度来评价语文课是否符合发展性教育的要求，主要标准有以下几点：

（一）中评不中用的课，不是好课。以评优评奖为目的的课堂教学，常常能迎合评价者的口味，得到教师自己满意的评价结果，但较少考虑学生的实际情况，不注重学生的参与程度与品质，不顾及学生的学习效果。这种中评不中用的课，"做课"再精彩，也不是好课。

（二）知识传授准确无误的课，不一定是好课。教师只把认知目标作为教学的出发点和归结点，不惜时间把课文内所有可能出考题的知识点从头到尾扫一遍，巨细不遗，变着法儿地只讲知识。这样的课手段再灵活，方法再新颖，也仍然是在低水平上徘徊的课，是只能完成教学目标中认知目标任务的课，是造成语文教学多产出少收益、高耗低效的课。

（三）教师唱独角戏的课，称不上好课。教师唱主角，学生扮演着配合教师完成教学任务的角色，教师期望学生能按自己备课时所准备的标准答案作出回答，一旦学生回答不出，教师就千方百计地启发、引导，努力使学生说出自己预想的答案。这种教师唱独角戏的课，哪怕唱得再好，也称不上好课。

综上所述，语文课堂教学评价必须站在全面的、发展的高度进行，体现现代教育观念,把学生参与与学习效果、创新能力培养、审美情趣的养成、教学设计的创造性等四个方面内容纳入评价指标体系,从而确定各种评价的具体标准,以获得客观公正的评价结论,为新世纪的人才培养、教育决策提供可靠依据。

评课标准相对论

马志龙

当你认为一节课是"好"课还是"不好"的课时，那你首先需要有一个评课的标准。只要你稍微仔细地思考一下就会发现：一节好课的标准应该是随着教学内容、教学对象、教师专业化发展水平和公开课的类型等各种因素的变化而有所不同，这就是评课标准的相对论。评课标准的相对论反映了教学是科学与艺术相结合的。

一、从教学内容看

教学内容决定教学方法和组织形式。从教学方法来区别，理科类以"讲授＋练习"为主，文科类用"自主学习＋合作学习"更好，介于两者之间的学科以"启发＋探讨"交流为宜，由此我们把教学方法分为三大类：传授—接受式学习、启发—探究式学习和自主—合作式学习。从教学组织形式来区分，有集体授课法、小组合作学习法和个体自主学习法，以及三种形式交叉的学习法。对于不同的教学内容应该选择相应的教学方法和教学组织形式，任何一种方法和形式脱离了具体的教学内容就没有好坏之分。

二、从教学对象看

教学对象有差异，主要是学生所处学段、班级学生基本发展水平、班级学生内部差异、个别学生个性特质及班级人数规模等。以学生的学段看，小学生最容易被调动学习情绪而在课堂中积极发言，师生互动良好，课堂气氛活跃；初中生也有积极表现自己的愿望，但这种现象女生明显优于男生，此时课堂中的女生比较活跃，男生成为旁观者（有人是思考者，有人却游离到教学活动外成为捣蛋者）；高中生在课堂上普遍是倾听者，希望采用"教师讲学生听"的传统上课方法，男女学生的差异主要表现在对学科的偏好上，但也有的学生在课堂中发言交流时表述完整、准确，并具有独特性的优势。由此，在教学方法上，让小学生多一点互动（师生互动、生生互动），使其热爱课堂、热爱学习是首要目标；让初中生多进行小组合作学习，特别是男女学生的合作，有助于减少青春期学生的叛逆性、孤独感，防止他们学科的过早分化；让高中生多一点个体的自主学习和探究，再在课堂中进行完整的展示，展示特长与才能，这也是他们适应社会所需要的重要能力。

而班级学生基本发展水平、班级学生内部差异和个别学生个性特质等因素，在分析的层面可以改为一个年级中各班有差异，一个班级中有优秀生、中等生和后进生的差异，每个班级总有几个有特点的特殊学生需要更加关注的情况。

班级人数规模的差异是显而易见的，如大班 52 人以上、中班 40 人左右、小班 18~24 人（类小班 32~36 人，以前还有复式班），班级人数的多少决定了教师从集体授课法到个体自主辅导法的转变。

以上分析，说明任何一种教学对象的不同都会影响到教学实际过程的变化，评课的标准也要进行修正。

三、从教师专业化发展水平看

教师按专业化发展水平可分为职前教师、职初教师、成熟教师、优秀教师、高端教师和专家教师等。

"我们评价上课不单单是检查课堂教学的质量和效益，还有是对教师的专业发展进行引导。"（引自那新的《也谈评课的几个关键问题》一文）评课的标准必须符合教师专业化发展的水平，也就是要考虑教师的"最近发展区"，让教师能"跳一跳，摘得到"。如果我们用优秀教师的上课标准去衡量一位职前教师，那么没有一个师范生能进入教师的行列。同样，我们用一个高端教师的标准去要求一位虽然有30年教龄但自我定位在成熟教师水平的教师也是不合理的。实际上，我们希望每一位教师都能尽快地走向专家型教师的道路，但有多方面的因素使其只能停留在某一专业发展水平。

教学要"以学生发展为本"，教学评价也要"以学生发展为本"，但教学评价同时要"以教师发展为本"，没有教师的发展就没有学生的长远发展。既然每一位教师的专业化发展水平有差异，每一位教师的专业发展定位有差异，那么对教师评价的标准也应该是有差异的。

四、从公开课的类型看

公开课的类型差异很大。

从大的方面看，有基础课、拓展课、研究课（高中阶段）三类课程，不同课程的教学内容、教学方法、教学对象、教学组织形式也都有差异。

从小的方面看，教师开课又分亮相课（一般指新教师、新引进教师）、实验课、研究课（这里指针对某一教育教学课题的实验或研究）、展示课（包括教学大奖赛）、随堂课（又称推门课）等。亮相课有较多的指导教师如何上课的作用，实验课、研究课最关注某一主题，展示课往往是备课组集体活动的成果，而随堂课则基本反映了教师教学实际的"原生态"。显然，我们不能用展示课的标准看实验课，也不能用研究课的标准看随堂课。

从微观的方面看，开课的时间是一周中第几天的课、一天中第几节课、前后有无体育课或考试课，这些情况对开课都是有一定影响的，这时教师的经验（此处也称教学机智）就成为了影响上课质量的重要因素。

从听课教师的介入看，听课教师的人数、身份、站位，主讲教师和学生对听课教师介入的适应能力，听课过程中照相机、摄像机及操作人员的移动，都将产生积极或消极的影响。

总而言之，教学过程是极其复杂的系统过程，任何一种因素都会对上课产生影响，用一个标准或少数几个标准是无法进行教学评价的，而任何一个标准也是不能对所有的教学进行评价的。

那么，评课就不可能有标准了吗？不是的，放之四海而皆准的固定标准是没有了，但相对合理的基础性标准还是有的。此处列3条供讨论：

首先，相对融洽的师生关系是保证教学过程开展的必要前提，有效的师生互动和生生互动也是课堂生命活力的展现。教师的职业生涯主要在课堂，教师价值的体现也主要在课堂上，课堂的生命活力保证了教师的生命质量；学生在校的时间主要在课堂，课堂的生命活力保证了学生的生命成长。

其次，课堂上学生的学习兴趣是否被激发了，学生的多种思维是否活跃并得到维持，这是学生认知能力发展的保证。只有在此基础上，教师的教学才有知识与技能、过程和方法、情感态度和价值观三维教学目标的达成。

第三，课堂过程是否基本完成了教与学的主要任务，是否体现出适合本班教师和学生的教与学的特色风格和闪亮点。

最后，如何把握评课标准的相对论？

有一条思路：只要是有利于学生的可持续发展，有利于执教者的反思和提高，有利于参与听课、评课教师的专业化发展水平的提升的评课，就是合理的，无论评课者是否有评课的标准或用什么样的标准。

有一个方法：每一位参与评课的教师，先把"听课"调整为"观课"，把"评课"改为"议课"，然后要申明自己认为一节好课的标准（可能是针对某一方面）是什么？如果执教者和其他参与者认同这一标准，那么，依据此标准来进行评课就切实可行并可产生评价的效果。在教育评价领域，此种做法又称"合同评价"，参与者对于某一标准是可以"讨价还价"的，所以是相对的。

以上，我们讨论的是评课的标准问题，所以称为"评课标准相对论"。

以一个父亲的心情听课

张文质

我乐于到学校听课，也比较信赖自己所看到的。在这样的现场，你往往能够有一些原先未曾料想到的感悟。

我听的是高中一年级的两节课，一节是通用技术，另一节是语文。上通用技术这门课的是位年轻教师，一节课下来，我发现他的学科素养是不错的。还是从头说起吧，我首先比较注意观察他是怎样"进入课堂"的。一方面，当他来到教室之后，他始终站在讲台上，偶尔会朝学生做个小动作或表情。看得出来他很紧张，在这种场合，课堂的私密性被打破了，他的对象感产生了错位——他到底为谁上课呢？另一方面，我也想，在这样的课堂上我到底能看到什么呢？我只是发现这位年轻教师始终都处于一种"等着进入课堂"的状态，他既无法克服自己的紧张，也没有意识到自己已经将这种紧张传染给了学生。在这里，我关心的是教师的眼神和身体姿态，我发现在等待上课的过程中他的眼神一直是游离与飘忽的。我猜想这个班只是他教的很多班中的一个，他几乎很难叫出班上任何一个学生的名字，对这些学生既熟悉却又无法具体化；他跟学生眼神交错时，不是一种交流与会意，而是，差不多就是"我们都在等待着任务的序幕拉开"。

其实，我虽然用心地感受课堂，但并没有强烈的"感触"，这是听了第二节语文课之后，我又"倒着回来"强化自己的发现的。

第二节上语文课的 W 老师我原先也认识。她的课又让我加深了自己对课堂的一个"心得"：好教师就是在课堂上显得比平时更漂亮的人。W 老师的课也是从"等待"开始的，不过她不消极，她走到每一个和她说话的学生身旁，轻松地叫出一个又一个学生的名字。是的，她是在与一个又一个具体的有名有姓的孩子在说话，他们都是真实的人，他们会用心地分享自己的话题——从分享开始的课堂一定会比较精彩——正是因为彼此熟悉，这样的课堂大概也会更为自然、真诚一些吧。我不由地想到美国教育家鲍耶所说的："最好的学校应该是学生数只有 300 人的学校，他们彼此都能够叫出对方的名字。"这不是一个可有可无的"技术问题"，教育从来都意味着师生间的情谊相通、精神共融，否则，我们的课堂应该从哪里开始呢？

再说说"速度"。通用技术课上得相当快，仿佛原先处于紧张等待中的年轻教师醒过来了，开始了自己的快跑。在这节课上，我看到了"多媒体"是多么得有害：传统的板书，如果学生抄得比较慢，他可以在老师进入下一个环节时继续抄，反正它都在那里；但多媒体就不行了，鼠标一点，一切都消失得无影无踪，一点痕迹都没有，不知是它助长了教学速度的快，还是教学速度的快使它成了没有任何生命形态的一种表现方式。说实在的，这节课几乎是在教师的"快讲"和多媒体页面的"快闪"中度过的，为数不多的几次提问，教师叫不出任何一位学生的名字，这一点也证实了课前我对教师的观察。我仿佛也明白过来，应试教育的特征之一也在于"速度"：足够大的信息传授容量，所有的讨论、思索、停顿和动手尝试都取消了，课后学生需要花大量的时间去补充、进行强化练习，但他们所获得的那些可怜的知识完全与生命无关，也从根本上难以使每一个生命个体的具体生活得以还原。

第三篇 课堂好坏的标准是什么

79

而W老师上的语文课则是另外一番景象。这一节课她讲的是修辞手法，就教师的"修辞学的教养"而言，她的知识说不上任何的广博、独到与深刻，甚至我还有这种感觉：教师的备课似乎也并不是特别的精心。给我印象最深的是课堂的"慢"，比较胖的W老师身体动作是慢的、说话的语速是慢的、等待学生回答问题的过程是慢的、学生讨论问题的过程也是慢的，但正是这个"慢"印证了日本教育学者佐藤学所说的——教育往往要在缓慢的过程中才能沉淀下一些有用的东西。这两节课都是我昨天听的，现在如果回忆一下，第一节课的大部分内容我真的一点都记不起来了，当然这可能是我自身的问题；而第二节课，我仍然可以清晰地"看到"很多生动、耐人寻味的场面。校长和教师可能会更关心另一个问题，就是"教学任务完成不了怎么办？"在本文中我不展开这个话题。我们更需要对"手术本身很成功，但病人死了"的课堂有一些反思，这样才能从对速度的迷恋中返回到真实的、具体的、有各种各样差异的课堂，这才是教学真正的开始。

在快速行进的课堂中，学生实际上是很被动的跟随者，只能一路吃力地跟着，跟不上的注定要掉队。在课堂上教师是很难关注到学生的这种状态的，一切都要等到考试来测试，但是到那个时候再进行修正对一部分学生而言已经晚了。所以，在这样的"速度"中，你看到的只有紧张、单调、被动，看到的只有教师对课堂的主宰、盲目和慌乱，没有交流，没有问题的提出，也不可能有意外的惊喜。只有独奏没有对话的课堂不仅对学生是一种伤害，对教师更是如此。这样的教师的教学往往很难得到学生情感上的回报，教学工作的疲劳不仅是因为劳动的强度，还因为我们在课堂中得不到即时的笑声、放光的眼神、会心的情感碰撞等。在这样的课堂中，教师成了唯一的输出者，没有挑战，甚至也不需要"临场的智慧"，长此以往，哪位教师能够不越教越笨？

说实在的，我听完第一节课时对学生的状况感到很不安。我自己的孩子现在也在读高一，我没想到孩子们在课堂上是如此的笨拙、羞怯、语言能力低下，虽然我知道这应该不是学生真实的状况，但是我更不希望他们被"造就"成这个样子，这是一件悲哀的事情。好在语文课让我的担忧一扫而光，我看到几乎每个问题都是所有的学生在举手，有时还出现抢着发言的情况，学生每次发言之后马上就是其他学生自发的掌声和快慰的笑声。有的孩子的发言更是句式复杂而富有灵性，充满了意想不到的独特的观察——我由衷地感到：不是今天的孩子对不起教育，而是，今天的教育对不起这些孩子。

同样是高一的学生，为什么有如此巨大的反差，这是我听完课后思考的问题。我深信教师的教育观念和生命意识才是学校文化中最具意义的力量。教师不仅是知识的传播者，更是一个在潜移默化地润泽着班上的每一个学生的具体的人。教育是通过这个具体的人影响着更多具体的人的，这样的影响对成长中的学生而言是直接、持久、深刻的。我们最需要花费的心力也就在于这样的教育自觉上，目光向内才可能知道自己的责任，才可能知道一切变革正因为"我"的参与而变得更有可能。

我的女儿就在这里就读，我来到学校更多的是以一个父亲的心情来听课。教育最核心的问题就是它到底会对学生的一生产生什么样的影响，它成全的是什么样的人。多年以后，我的女儿一定会回忆起这样的一所学校对她而言很多意味深长的生命场景。

放肆与规矩

朱晓华

也许因为做过教导主任的缘故，现在作为校长，我还是很喜欢听课，对课堂的关注成了我日常工作很重要的一部分。

这次，我要关注的是一所新办小学群体教师的素质。在这样的学校里，我首先感受到的是一种紧张的氛围，校长亲临听课，对许多老师而言都是一种压力，何况可能大部分老师都是第一次接受这样的洗礼——一般来说，都是教导主任或者年段长来听的，再则，这所小学除了崭新的教学楼，教室里剩下的就是学生，几乎没有什么现代化设备，哪怕是一台落后的投影仪，教学手段的有限让教师感到手足无措。

第一节听的是一年级的语文课，上课的是一位年轻的女教师。她最大的特点就是带着一脸甜甜的微笑，我比她先一步到达教室，她夹着讲义走进门口时，怔了一下，显然她对我的到来没有任何心理准备，很尴尬地点了点头，仍然保持那份甜美的微笑，只是给人感觉有些不自然。我素来认为，幼年的孩子最喜欢看到的是那些阳光般灿烂的笑脸，对他们来说知识并不是决定性的因素，重要的是他们需要收获关爱、赞赏和成功。

这位年轻的女教师从头到尾保持着对孩子的微笑，每个孩子走进教室时都会拉一下她的衣襟，表达自己的亲热，教师都不厌其烦地拍拍孩子的小脸，或者摸摸孩子的脑袋，有时还会扮个鬼脸，偶尔还会掏出纸巾擦一擦孩子弄脏的脸，然后孩子们就一蹦一跳地快乐地回到自己的座位，从头到尾，我看不出她有什么紧张和不安。我注意了一下表，从上课铃声响到所有的学生安静下来，整整花了8分钟。假如是在一所规范或者重点小学，这个过程显然耗时太多，我们称其为无用功，或者对教师的教学组织能力会产生质疑。但今天我不这么看，在整个过程中我看到孩子沐浴在欢乐的氛围里，教师那甜甜的笑脸就是孩子快乐的最大理由。心也许不要太多的装饰，只要真诚，只要发自心底的喜欢。低年级的孩子没有太多的判断能力，对于是非、对于遥远的未来、对于善恶，他们都无法分辨得那么清楚，他们只需要爱，这种爱就是最表象、最浅显的——微笑！在这样灿烂的微笑背后，一定深蕴着一颗火热的心，深蕴着对孩子、对教育的责任与勇气。那么，孩子在这样的氛围里一定是热爱学习的，一定是无拘无束的，也一定是无所不言的。

　　上课不久，我的想法便得到印证。

　　这节课的内容是《家》，这是一篇充满着深情的美文。这节课一开始，学生就给人以放肆的感觉，在轻松的氛围中，教师设置了一个情景——把自己和孩子们当做一片快乐的树叶到大自然中去旅游，教师依旧用亲切的话语和甜美的微笑描述着她所爱的一切事物，当教师问道："你们和同桌说说最想和自然界中谁交朋友？"时，孩子们的兴奋达到极点，他们不停地欢呼、自说自话，课堂似乎很乱，但从中又透出一种秩序，那是来自教师——依旧静静地看着孩子、甜甜地微笑、目睹着"热闹"的场面。一会儿后，教师说道："孩子们，陈老师想说话了！"教室里一下子安静了下来。我突然感到一种无形的影响力在课堂上产生：一位成熟的教师所具有的人格魅力，远远胜于板着面孔的发号施令，孩子是需要在自由的天地里表达自己的愿望、想法的，哪怕是一丝人为的因素去控制、干扰这种干净的空间，都会使幼小的心灵变得自我封闭起来，产生一种警惕性。课堂应该是孩子的课堂，他们拥有绝对的话语权，拥有自由交流、产生奇思妙想的权利，这就是一种自主性和主体性。

我注意到这个班级的孩子的学习能力是参差不齐的，甚至有一个孩子还是智障，但他表现出来的快乐令人惊讶：一节课下来总见他高高举起小手，歪着脑袋不停地要求："老师，我来！我来！"那种急切表达的欲望感染了我。这是教师的功劳，因为每到这个孩子发言，教师总是蹲下身来，侧着耳朵听他在讲话，其实他表达得并不是十分清楚，有时听起来还很含糊，但教师总是微笑、总是点头，很有耐心，正是这样的态度培植了这个学生的自信心。每当孩子们站起来回答问题说不清楚时，教师总是说："坐下来慢慢说，坐下来就不紧张了，就能说清楚了。"孩子沉浸在这样的课堂中，心会变得温暖起来。

第二节算是一节"规规矩矩"的课，授课的是一位老教师，说是老教师，其实他还不到 50 岁。教师一走进教室就给人以压迫感，他紧绷着脸，仿佛谁欠了他的债似的。教室里安静极了，几乎让人窒息。一开始他展示了上节课学生的作业，抖了抖几本打着大红叉的本子，严厉地说："你看看，你看看，做的是什么作业。这节课给我好好听着，别再做出这样的作业。"他对我的到来似乎不以为然，既没有给学生面子，也不顾忌自己的言行。

一节课下来，他和学生之间的对话几乎是机械的，"好，对！""错了，再请一位。谁来？"这样的话语充斥着整个课堂，遇到回答不好的学生他就蹙着眉头，盯着看，有时候用手指头重重地点着黑板，发出"砰砰"的声音。整节课几乎没什么学生举手，大部分问题教师都是采取点名的方式。

我耐着性子听完一节课，中途几次想起身离开都忍住了。课一结束，我便悄悄问孩子,"你们怎么忍受得了,平时也是这样上课吗?""今天好多了,以前都是先骂半节课再上课。"

　　同样的语文课,同样没有什么现代化手段,不同的是心的距离不一样,因为两者经营课堂的理念大相径庭。作为一位教师,要经营好自己的教学空间并不是一件容易的事,是需要做有"心"人的,这不光是责任,更是一种天性——一种与生俱来的善良。在教育的前沿阵地上,教师凭借的是个人的教育修为、教育创造的意识、教育行为的敏锐性和发自内心的自觉。两种不同的课堂形成的教育差异性会越来越显著,教育的效果也会相去甚远,如果教师放任这种不良的教育行为,那么受害的不仅是学生个体,还有社会。为什么教师不会主动躬身自省,而总是在被动中反思,在无奈中改变呢?这在一定程度上源于教师的事业感——为工作而努力,而不是为孩子而努力。

　　我们的课堂应该还给孩子快乐,让他们在快乐中学习,这要成为衡量一堂好课的标准之一,因为只有学生全身心地投入、忘我地投入、快乐地投入的学习才是真正意义上的学习。我们设想的课堂局面是学生知无不言、言无不尽、无所顾忌地表达自己的观点,师生融为一体,相互真诚地交流一切对生活、对生命、对未知的探索。真正意义上的课堂,是指向生命意义的课堂,是让生命充满夺目光彩的课堂,不是充斥着责骂、埋怨、束缚的课堂。

　　真正意义上的课堂也许不需要太多外来的手段与元素,它需要教师有一颗爱孩子的心、爱教育的心,也许不需要太多解释,只需要那份默默的真诚的关注。

　　就让我们把心交给课堂,交给教育。

以 一个学生的心情听课

孙明霞

近日听了几节课，心里总感到有话要说，可又不知该从何说起，看到张文质老师的《以一个父亲的心情听课》一文，忽然眼前一亮——我一直在思考的恰恰就是站在一个学生的角度来看待课堂，不是居高临下地听课、指导，而是以一个学生的心情听课。

这是我校一位很优秀的语文教师 C 老师的课，讲授的内容是一篇透着浓浓母爱、透着浓浓酸楚、透着淡淡忧伤和甜甜希望的文章——《甜甜的泥土》。

这是第二次听 C 老师这堂课。因为他要准备参加全省研讨会的公开课，当然要认真地准备好，反反复复地磨炼、修改。这次的设计比最初有了很大的进步，本课在优美的《隐形的翅膀》歌曲中开始了。教师用那浑厚、带有磁性的男中音对课文声情并茂的朗读撩起了学生心中那根情感的弦，让他们不自觉地随着教师的朗诵走进了文章的情境。

能否用一句话来概括这个故事？

线索是什么？学生的答案是"母爱。"

这是情感线，有没有物的线索？"奶糖。"

能不能用一系列动词把这个故事串起来？"分奶糖、吃奶糖、藏奶糖、挖奶糖、舔奶糖。"

请你用一个词来概括听了这个故事的感受。"感动。""伟大。""酸楚。""震撼。"……

如何走进文本、走近人物？"把自己看做文中人。""朗读。""看语言描写。""围绕故事线索分析。"……

看来学生很会学习语文，给出的方法也很切实可行。教师肯定了学生的思考之后，出示了屏幕上的4个问题，让每个小组分别围绕着4个人物进行思考、讨论、分析、总结。

这是本课最精彩的环节。在这个过程中，学生在感悟、讨论的基础上，以小组为单位进行讨论。第一小组讨论小亮的生母，谈了"小亮的生母是怎样的人，从哪些句子可以看出来？""朗诵那些说明人物情感或特点的句子，你想要对小亮的生母说些什么？"第二小组讨论小亮，"说说小亮是个怎样的孩子、有着怎样的情感？你从哪些描写中看得出来？把这些句子或者段落读一读，你想对小亮说点什么？"第三小组讨论小亮的爸爸，第四小组讨论小亮的后母……

在这个过程中，学生真正走进了文本、走近了人物，不仅对人物的思想感情、心理活动感受深刻，还在朗读中学会体会人物情感，在对"小亮""小亮的生母""小亮的爸爸"以及"小亮的后母"说些什么中完全置身其中，可以说，这是真正体现学生主体的环节，是情感自然渗透的过程。

该课后面的环节设计也有其独到之处。"让我们走近天下所有的母亲……"教师声情并茂的朗诵，配上不同"母亲"的画面，震撼心灵、感人至深。"拿起手中的笔，写出对母亲最真的心声""读出你对母亲最真的声音"……表达的是学生发自内心的对母亲的爱。最后，教师在优美的音乐和唯美的画面衬托下，用"生命的列车"结束了本课。

所有的教师都说这是一节设计新颖的课,充满了浓浓的情感,形式上也别具一格,无论是视觉还是听觉效果,都堪称经典,尤其是教师的朗诵、优美的语言以及临场的发挥都充分展现了教师的才能。

但听完课后,我总有一种说不出的感觉——尽管很美,但始终感觉有些不和谐的地方。哪里不和谐却说不出来,当我站在学生的角度来思考的时候,心中豁然开朗。

一堂课,展示教师的才华重要还是把更多的机会给学生重要?

这堂课,充分展示了教师的才华,从朗诵到课堂语言,到即兴作文("读出对母亲最真的声音"时,教师说"我先读读我写的文字",然后让学生读)无一处不彰显着教师的高水平。但在学生展示的时候,却有蜻蜓点水之感,话语权还是在教师那里。从开始的泛读课文,到课文分析之后"走近天下所有的母亲",都是教师在声情并茂的朗诵。朗诵,的确是C老师的一大优势,但学生的朗诵呢?整堂课中,除了在分小组讨论其中一个人物时需要学生朗诵出某个句子以说明问题之外,没再有学生的朗诵。我想,对文章的学习,尤其是对这类饱含深情的文字的学习,除了分析之外,也需要学生在自己的朗读中感悟,而不仅仅是听老师朗诵。最后,"读出对母亲最真的声音"时,也是教师先把自己的声音表达之后再让学生表达,而在让学生读出对母亲的声音时,只有3个同学把"写给母亲的声音"读了出来。学生的读,用情、用心,同样感动人,本以为还会有更多的同学有机会读出对母亲的感情,但是没有,因为教师还记挂着下一个环节的进行,一旦让更多的学生朗读,就会影响到后面环节的进行,于是,学生"对母亲的声音"戛然而止,转向了"生命的列车"。

假如我是学生,我会很用心地写出"对母亲最真的声音",然后读出来,但是,教师没有给我机会读……

课堂,本就是教师才华展现的舞台,一个没有过硬基本功的教师是很难得到学生的认可的，一个不被学生欣赏和敬佩的教师，也很难让学生喜欢你的课堂、深入你的课堂。当教师的某种才华让学生佩服有加时，学生就会忍不住去模仿、学习，甚至教师的走路姿势、手势等习惯动作都可能被仿效。但是，课堂上只有教师的才能展示而没有学生的展示，这不能不说是一大缺憾。

我以为，真正好的课堂，应该更多地挖掘学生的潜能，给学生展示的空间。教师的才能应该表现在调动学生的学习热情、引导学生学会学习上，应该表现在不着痕迹的情感教育当中。

因此，在课后的评课中，我着重强调的是：无论设计怎样的课，无论在什么场合上课，最重要的是把学生摆在首位，把学生放在心中最重要的位置上，牢记教师是为学生的学习服务的。

评 课不该落入俗套

苏连英

公开课教学可以展示个人的教学水平，体现个人的教学风格，检验个人的教学能力。它能较快地反应教学新理念，传授教学技巧。它是进行教学交流的最佳时机和方式，更是教研的重要形式之一。可以肯定地说，站在教学第一线的每位教师都上过公开课。上完公开课后其他教师肯定要评课，如何评？虽说我们不可能像专家那样评得那么精彩，但也希望评课时不要落入以下俗套。

一、情感俗套

上过公开课的教师都知道，为上好一节公开课，每个人都会穷尽毕生技能，精心准备。可上课与逛街购物不同，有许多环节是无法预计生成的，如果课堂上应变不灵，出现失误是正常的。对于教学能力有限的，出现不足亦非不可饶恕，但许多教师或许太看重那些不足与失误，评课时常绕开不提，认为在评课时指出不足是对授课者的不敬，会伤了同事感情，由此导致评课落入了情感俗套，致使授课者存在的不足没人指出，更使其不断重复出错。更有的教师评课时把关系分成三六九等：对关系一般的同事上的课，说些不痛不痒、顺耳热脑的表扬话；对好朋友上的课净说些动听迎合的捧场话；对领导上的课则专讲阿谀奉承话。

  我认为评课大可不必如此，评课是教研活动，不是个人情感的培训场，没有"得罪人"这一说法。如果只一味追捧授课者的优点，那公开课的示范性就会失真，参与者的水平就会滞留不前；如果不能明确指出授课者存在的不足，那公开课的"教研"性就失效，全体教研成员最终只能落入孤芳自赏的窃喜中。我想，教师在评课时先说优点，再论不足是常理，而且应该是在人人平等、轻松自如的环境下畅所欲言、各抒己见，才能收到公开教学的应有成效，也才能提高授课者的教学水平。在评我的公开课时，我每次都很真诚地逐个邀请同事让他们说出自己的见解，希望他们多提宝贵意见。我认为评课者提出的观点即便是错误的，也可能因此而撞出火花，产生精彩，引发教学探讨的趋向。如我在上《她是我朋友》一课时，对学生说："如果你的朋友遇到危及生命的大事，你又无能为力时，千万不要意气用事、盲目救人，而要想办法求助于他人，否则连自己都有可能白白搭上性命。"有许多教师认为不该对学生说那样的话。我反思后就写成《她是你朋友，救吗？》一文，发表在《三明日报》校园内外版上。还有，我上《钓鱼的启示》时，依同事们的评议，我写成《从〈钓鱼的启示〉得到的启示》。我自感同事们开诚的评课给予了我很大的帮助，每次公开课后，我都能写出一篇教学心得体会。我在评他人上的公开课时，也喜欢丁是丁来卯是卯的说，但有的人不愿意，说我不留情面，言辞过于犀利，上公开课与评课时总想回避我。我有一位要好的同事，她每次上课都叫我别去听，直至今年她在职称评定的公开课上，我才有机会听了她的课。我如实地指出她的不足，并告诉她，她一节课连说了四五十个"是不是、好不好"的口头禅。她很羞愧，也很感激我。当然好话听着舒服，大家都爱听，评课时

91

说些肯定的话给予鼓励是必要的，否则，辛辛苦苦上了一节课，结果被批得体无完肤，这是不够人道的。只是我们在看到成绩的同时，为促使他人进步，是有必要做些提醒的。当然，好的说不坏，坏的说不好，有则改之，无则加勉嘛。

二、内容俗套

评课时很多能言善辩、巧舌如簧的教师，因为不知说什么或怎么说而缄默。如果非得说，就只能在教态自然大方、声音响亮、课前准备充分、导入自然、板书工整等内容上绕圈圈、打转转。其实这些内容是每位教师在每一节课上都应该做到的。如果教师公开课上也只做了这点皮毛，那上公开课岂非易如反掌，人人都争着上？如果教师在评公开课时只能找出这点皮外伤，那岂不落入俗套？许多评课者之所以如此，是因为他们缺乏教学理念、评课技能、口语交际等知识，同时也受心理素养的影响。那么，如何评课才不落入俗套呢？这就要学点专业知识。我们可以从新课标的要求为切入点来评，也可以多看教学论坛类的书，还可以找机会多听专家的讲座，向他人取经。当然，评好一节课不像吃下一碗饭那么简单，它需要一定的文学积累，也需要一定量的专业知识积累，更需要自己大胆主动地多参加训练，才不致使自己的评课落入俗套。我听公开课前，一定要先了解执教者的上课内容，掌握该单元知识构架，参看教学用书；听课时，注重了解学生的学习习惯，观察课堂动态；关注师生、生本、师本间的交流与配合，注重文本生成，及对学生知识拓展能力的培养，然后综合自己的认知和教学观点，进行评课。我一般先肯定授课者的若干条优点，再提出自己的见解与之商榷。对其存在的明显不足或失误，一般无须指出，相信其自知能改。总之，评好一节课的难度不亚于上好一节课。

三、排序俗套

既是评课，大家就应该畅所欲言。事实上不然，许多学校在评课时，气氛很严肃，大有开重要会议的架势，而且还常有一种不成文的规定，那就是尊老敬长的排序，这种排序导致普通教师发言的机会和积极性都很受影响。这样，普通教师是不太有话说的，如果有，也只能鹦鹉学舌似的重复别人的观点或言语，那又是何等的无味啊？我企盼着教师评课时能在宽松、平等的环境中各抒己见。

第四篇

府県制度の建立と沿革

对听评课制度实效性的思考

吴红霞

基础教育课程改革的主战场在中小学的课堂教学中。要推进课堂教学改革，使新课程改革的各项要求落到实处，开展多种形式的听课、评课活动是一种有效的途径。它能有效促进教师的专业成长和教师专业团队的形成。那么，作为一种重要的教研活动形式，目前听评课制度的现状如何？有效性又如何呢？

一、听评课制度的形式和现状

1. 领导干部听评课汇报制度

实施新课程，困惑与矛盾不断出现。教师远离"课标"怎么办？如何避免课堂教学中的虚浮现象？如何解决评价简单化的问题？如何落实三维目标，消除"切割"现象？如何解决基础夯不实的问题？……

为了在深入调研的基础上及时解决课程改革中出现的种种新问题，学校往往会举行调研活动或教学分析汇报会。干部们分别汇报自己在近一两周的听评课过程中发现了哪些新问题、帮助教师解决了哪些问题、今后工作的基本思路。然后，大家再对一些带有普遍性的问题进行会商。

2. 追踪听评课制度

追踪听评课，即追踪听课评课，即时反馈，即时矫正。其主要步骤是：教师讲课——听课评课——教师再讲课——再听课评课……经过几轮反复，最终使教师理解从哪些方面、怎样操作才能达到新课程改革的基本要求。

追踪听评课通过连续的解剖麻雀式的个案分析，帮助教师诊断、发现自己的问题，使其不断调整、修正自己的教学行为。因为它揭示的是教师真实的"课堂故事"，教师最容易接受。

3. 示范听评课制度

示范听评课制度是一种全员参与的推广性的听评课制度。学校组织多名骨干教师上示范课，把他们先进的教学理念和教学方法向全体教师推广，促进教师在学习观摩中提高。基本做法是先由优秀教师分学科上示范课，然后课改领导小组成员分学科听全体教师的课，个别问题个别反馈，共性问题通过集体评课反馈落实情况，提出改进意见。

4. 主题研讨式听评课制度

为了充分加强研讨的针对性，学校往往会要求各个学科教师每学期至少开展一次主题式研讨活动。主题确定、方案完成后，各教研组长带领组内教师，开展形式多样的主题研讨活动。为了提高主题研讨活动的质量，加强组际之间的交流，共享集体智慧，各教研组每学年要向全校教师进行一次公开展示活动。每位教师都要充分做好收集资料、集体备课等前期准备工作，并在教研组内进行试教、修改。对于公开展示的主题研讨活动，各教研组长在活动前一周就要在学校办公系统发出通知，邀请其他教研组成员参加。每次公开展示的主题研讨活动要做到"场地保证""时间错开""人员到位"，尽可能使广大教师都能参与，共享精心准备的研讨活动带来的优秀成果。在课堂教学实践后，每个教研组还要与其他组的教师进行互动研讨，听课教师要积极发表自己的见解，使有效教学的思想在研讨中碰撞，帮助执教者进一步明确达到有效教学的基本策略。在这一活动中，教研组长全程主持整个活动过程，在活动成效方面起着决定性作用。有几次主题研讨活动，我们还邀请教研员来做专业引领，使主题研讨活动的效果进一步优化。

在课堂教学实践和研讨交流之后，教研组长要组织组内每一位教师反思和总结自己的收获和自己存在的问题，可以说课稿、评课稿，或教学设计、教学案例、教学论文等形式呈现。在此基础上，教研组长将每位教师的材料进行收集归类，汇编成册，真正做到重过程、重合作，提高研究实效。

5. 学科同步研讨听评课制度

教研组、备课组是学校组织教学的基本单位，也是实施新课程的重要保障。我校主要以教研组为单位组织同步新授课研究课、复习课研究课，以备课组为单位组织同步学段研究课。教研组每学期组织两次新授课研究课或复习课研究课，教研组成员听课评课，共同研讨。备课组每周组织一次学段研究课，先确定主讲人，让主讲人写学案，供备课组成员借鉴，然后通过听评课，确定一周使用的学案，大家在此基础上实施课堂教学。

学科同步研讨听评课制度的建立，增强了教师之间的交流与合作，使大家能优势互补、共享资源、共同提高。

6. 外出学习汇报听评课制度

为了把外地先进的教学经验真正学到手，使本校教师都能受益，我校规定：凡外出学习的教师，回来后都要上一节汇报课，把外地先进的教学思想和教学经验以课的形式展示出来，供全体教师学习和借鉴。以前教师外出学习回来后平平淡淡，学习内容被束之高阁。现在，实行外出学习汇报听评课制度，不仅使外出学习的教师能够进一步明确学习目的，带着任务去学，而且还能将外地的先进经验及时引进本校，提高广大教师实施新课程的水平。

二、对听评课制度有效性的思考

目前，在新课程背景下，校本研训和骨干培训越来越受到重视，各学校对此也投入了大量的物力财力。但是其有效性如何呢？我认为以下三个问题，值得我们深思。

1. 听评课应事先制订好方案

我们常常参加听评课活动，但很少设计听评课方案。通常，听课前，我们只要了解何人、何时、何地、开什么课即可；听课时，我们往往从整体角度关注授课人的教学态度、教学方法、教学内容、教学步骤、教学重点、学生反应、学生活动，等等；评课时，我们主要从整体上去评价授课人教态是否亲切自然、教学方法是否新颖得当、教学内容是否正确适量、教学步骤是否清晰明了、教学重点是否突出、教学任务是否完成、学生是否有恰当的反应、学生是否参与活动，等等。

毋庸置疑，这种听评课形式既无方案可言，又不深入具体。听课者听评课要有目的有方案，要具体要深入，才能科学地听评课，并对授课人有一定的指导作用。

下面例举一节英语课的听评课方案。

（1）记录教师的指令，看其是否清晰有效。

（2）记录学生对教师指令的反应，看教师教学是否清晰有效。

（3）记录教师的评价语言，看其是否是鼓励性语言，用语是否丰富多样。

(4) 记录教师的表情，看教师是否喜爱自己的学生，是否有激情。

(5) 记录教师的例句，看其是否清晰，是否突出重点。

(6) 记录教师组织学生活动的次数与方式，看教师教学是否方法多样、有效。

(7) 记录学生参与活动的人次，看教师关注学生时是否面广。

(8) 记录学生主动举手、被动举手的比例，看学生情绪是否被教师调动，看师生关系是否和谐。

(9) 记录教室里不同位置的6个学生在一节课中的面部表情，看学生是否喜欢上这节课，是否对英语学习感兴趣。

(10) 记录这节课的教学内容、教学步骤，看内容是否适量、正确，看步骤是否科学、有序。

评课小组5名成员，每人负责详细记录、分析两项，并整体把握其他几项。课后，分别对各项记录进行整理分析。评课时，主要汇报记录、整理、分析的各项条目，每一项都要有具体数据或材料及分析。虽然这个方案不一定很完善，但评课成员的目的、分工都很明确，真正做到了使评课有理有据、具体深入。这样做能使评课者和被评者都有很大的收获。

2. 听评课关注的对象应从教师的"教"转向学生的"学"

传统的听评课制度多带有甄别和奖惩的功能，听评课的结果多与评先表优、提职、晋级等联系起来。因此，参与听评课的人多把目光集中在教师身上。看教师的导语设计，看教师的讲授、提问，看教师的教学流程，看教师的教学基本功和课堂组织能力……而学生的表现则常常被忽视。现在，在新课程背景下，教师的角色变了，教与学的方式变了，我们听评课时关注的重点也要改变，那就是应关注学生在课堂中的表现。

"以学论教"是现代课堂教学评价的指导思想。因此，在听评课时应从重点关注教师的教转向关注师生互动、关注学生的学情，以学生在课堂教学中呈现的几种状态作为评定课堂教学质量的重要依据。听评课时应重点关注学生的以下几种状态：

第一，学生的情绪状态。观察教师能否激发学生的学习动机和兴趣，学生能否以饱满的精神状态投入学习之中，能否自我调节和控制学习情绪，对学习能否保持较长时间的注意，是否具有好奇心和强烈的求知欲。在听课中，我们经常发现一些授课教师自己讲得激情洋溢、如痴如醉，而台下的学生却昏昏欲睡，这样的课不是关注学生学习的课，不是好课。

第二，学生参与教与学活动的有效性。新课程实施以来，许多教师都意识到课堂上不能再一味地包办代替，不能再唱独角戏了，要想办法为学生的参与提供时间和空间。可在听课中我们发现，有些课还停留在表面形式上的热热闹闹，教学活动设计有温度、无深度，学生思维缺乏深度和广度，多数学生人云亦云，缺少独到的见解和精彩的生成。因此，我们在听评课中应在关注学生是否全程、全员参与的基础上，关注学生参与的有效性。

第三，学生的交往状态。教学是教师与学生交往互动的过程。因此听评课时要关注教师能否有意识地营造民主、平等、和谐的课堂氛围，看学生在学习过程中能否科学合理地进行分工合作，是否会倾听别人的意见，是否能够自由表达自己的观点，遇到困难能否与其他同学合作、交流，共同解决问题。

3. 听评课活动过于频繁，流于形式

现在，很多师资培训中心和学校为了提高教师队伍素质，经常组织听评课活动，但活动过于频繁，使大家疲于应付，最后导致活动设计过于粗糙，活动过程流于形式，活动质量低下。因此，我们应少而精地组织一些听评课活动，精心设计好方案，科学有效地组织好活动，并从以下三个理念反思活动的有效性：是否促进了学生的发展；是否促进了教师的发展；是否做到了"以学论教"和"以学评教"。

"2+2"评课制度之我见

黄 雪

随着教育部21世纪新课程改革步伐的加快,所有接受新课改任务的教师们都接受了一次教学理念的更新,在以极大的历史责任感和敬业精神投入改革的同时,也对如何教好新课程深感困惑和吃力。课程改革不仅是学科课程内容安排的变化,更是我国教育思想与国际接轨的具体表现,教师的指导作用与素质教育的核心紧密结合,使教育教学更加人性化,体现了以人为本的教育理念。而评价制度则努力摆脱高考指挥棒的阴影和桎梏,给了教师极大的发挥空间,也对教师的综合素质提出了新的、更高的要求。这是一次巨大的挑战,更是一次提高教师自身素质,使教师主动充电的极好机遇。那么,教师如何较快地转变思想,接受新教法,并在教育教学上有所创新呢?除了认真备课、积极听课外,还要有好的评课系统进行反馈。

面对紧迫的课改任务,我校着眼于教师的发展前景,大胆提出"2+2"评课制度,为教师们的学习、摸索、合作和教研提供了一个极好的平台。何谓"2+2"?即每位教师在听课后,都要给授课教师提两条肯定性评语和2条改进建议。"2+2"评课制度在我校推行已有2年的时间,各种建议和评价纷至沓来,这说明此举无论是对授课者还是听课者的促动都很大。这不仅是对教师业务水平的检验，也是对教师的爱护与帮助。"2+2"评课制度已取得初步成效，并被列为我校的校本课程。在此我提出自己的几点看法，不当之处请大家指正。

一、"2+2"评课制度的优点

1. 充分肯定授课教师所做的准备和努力体现的教学理念

这一点在课改中显得尤为重要，正所谓"教无定式，学无定法"。这样做有助于教师积极改变教学观念，大胆打破传统教法，勇于采用更多更新的教学手段和设计，形成"百家争鸣，百花齐放"的繁荣局面。

2. 给授课者带来成功的体验

"签名"是一个很不错的点子，当听课的教师们争先恐后地请授课教师签字留证时，授课教师很有"明星签字"的成就感和荣誉感。姑且不论最后的评价如何，那一时的热烈气氛有助于授课教师形成较强的自信心，同时受宠若惊的感觉更有利于其以一种谦虚的胸怀、海纳百川的良好心态接纳不同的评价和建议。

3. 他山之石可以攻玉

虽然听课教师来自不同学科，评价标准各不相同，但一堂好课却是每个教师都能听出来的。正因如此，两条建议就显出了重要性。每一位听课教师的意见不仅代表了他个人的看法，更包含了他所教学科的教学需要和改进方向。而课程改革中的各学科不再是单独的密封的体系，学科的综合性非常强，听课者一个小小的提议就能起到画龙点睛、妙笔生辉的作用。例如，我在上"姓氏的奥秘"一课时，正值清明节前夕，细雨纷飞、乡愁正浓，于是我就用《清明》这首诗导入课程，将阴雨天——清明扫墓——

寻根问祖——解读姓氏奥秘巧妙地结合起来，由雨及诗，由诗及史，得到了听课教师的一致好评。课后，听课教师又给我提了掌握教学节奏、引导学生谈收获、板书课题等建议，使我受益匪浅，这种机遇是可遇而不可求的。

4. 形成教师团结互助的团队精神，改进教师之间的人际关系

俗话说："好话一句暖人心。"以前教师们听课是为完成听课任务，说者有心，听者无意，下课铃响搬凳走人，各不相欠，既谈不上建议和提高，更谈不上团结协作。现在"2＋2"的评课要求摆在每个人的面前，使授课者和听课者都有较强的责任感，说者有心，听者更有意。授课教师尽其所能，充分展示自己的才华，听课教师则全神贯注，洗耳恭听。课后大家畅所欲言，出谋献策，授课教师在七嘴八舌的议论中体会到关心和感动。听课教师在听课中发掘授课者的优点，提出建议的同时就是一个小结自己、学习先进、改变自己成见的过程。

二、对"2＋2"评课制度的思考

1. 如何正确、科学地评价一节课

俗话说："外行看热闹，内行看门道。"授课教师在收到许多建议之时，也不免有些迷惑：同一教学设计，为何有两种截然不同的看法，该听谁的？如何改进？这着实考验授课教师的教学业务水平。因此，我个人建议对全体教师进行评课的培训、指导或给一个评课的标准。目前我国许多地方还处在两种教材（人教版和其他版本）并立的局面，不同的教材就有不同的教学标准。例如，历史学科的人教版教材侧重于基础知识的教授，对学生的学习能力要求较高；而北师大版的教材则大大降低了对学生基础知识的要求，侧重于培养学生的历史学习兴趣，使学生通过理解、质疑和动手探

究等环节，把历史从遥远的古代变成身边的东西。教学要求的不同使得课堂评价标准也不同。因此，给出一个合适的评课标准，既让授课教师有章可循，也使评课教师有据可依，达到相互印证、共同进步的目的。

2. 评课的操作过程是否可简单一些

现在，在这一评课制度下，评课教师所需填写的表格份数过多，一份学校留档，一份教师自拿，还有一份给授课教师，本意虽好，却弄得评课教师手忙脚乱，头昏脑涨。是否可以将评课的操作过程设计得更简单些，既方便教师评写收藏，又便于学校管理查阅？这样既规范又省时省力。

3. 如何丰富"2＋2"评课制度的内容

作为校本课程，"2＋2"评课制度的内容略显单薄一些，应该充实和丰富。

例如，"2＋2"制度是否还可延伸到师徒结对的辅导中，将单纯的听课评课变成"2＋2"的换位上课呢？我校在实行师徒结对的工作中，经常会遇到师傅与徒弟不在同一年级教学的情况，不管如何进行听课和评课，徒弟的教学终比不上师傅的示范。如果放开对师傅与徒弟上课的束缚，师傅可在徒弟的教学年级上两节示范课，把自己对这一年级的教学内容的处理、教材把握、教学风格等展示出来。徒弟则拿出教学实习时的谦虚、好学的劲头，在师傅的教学年级上两节课，体会两种教材的不同，找出不同年级教材之间的内在联系，发掘自己跨年级教学的潜力，促进自己迅速成长。如此的换位上课，每学期两次即可，师傅与徒弟的负担不重，学生还有学习的新鲜感并能及时反馈改进意见。3年以后，徒弟就不仅能在一个年级独当一面，还具备了跨年级教学的心理素质与能力，综合素质得到提高，大大缩短学校培养年轻教师的周期，使"369"的培养工程（3年出师，6年独当一面，9年成为教学骨干）变为"136"工程（拜一个师傅，3年出师挑重担，6年成为教学骨干）。

将"2+2"评课制度引入优质课和各类课程比赛的准备过程中,充分调动教师们的智慧和经验。在出去比赛前,教研组和年级组的教师们分别听一次课,综合各学科教师的意见,打破单学科的狭隘观,改进教法,使参加比赛的教师在各类比赛中崭露头角,为校争光。

4. 将"2+2"评课制度引入教研组和教师的评价体系

鼓励教研组多举行各类公开课、研究课,广邀同行听课评课,(学校提供各种便利条件)扩大学校、教研组的知名度,创建学科的教学特色,对各级教师的发展进行跟踪记录。学校在年终以无记名、分文理科的方式进行一学期或一年度最好的"2+2"课堂教学评比,给予优秀教师重奖并将评比结果记入教研组、教师业务档案。相信由此一来,学校内将会出现人人争上公开课、组组埋头抢教研的可喜景象,学校教学水平的迅速提高也指日可待。

"2+2"评课制度是一个好的评价制度,把它列入校本课程不仅是应对课改的新思路、新对策、新调整,更希望其对教师综合素质的提高提供帮助,使之系统化、规范化和长期化。

改进评课方式，促进教师专业成长

李 静

课堂教学评价是教师与评价者共同参与的研究和探索活动，其最终目的是促进教师教学方法的改进和改善，提高课堂教学的效率和质量。在实施新课程教学的今天，大力开展听课评课活动、研究并改进教学中存在的问题尤其显得重要。然而在无数次的听课评课中，有两种现象值得我们深思。

1. 评课的"声音"过于单一。各种评课或研讨会，几乎都是专家、教研员的"一言堂"，听课教师很难参与其中，更不用谈执教者的声音了。

2. 评课过于客套。目前的评课，"你好，我好，大家都好"的声音不绝于耳，"不说好，不说坏，免得大家怪"的现象比比皆是。"标签式"评课、"好好式"评课弥漫于我们的教学研究中。

笔者结合当前评课现状，着眼于教师专业发展的角度，认为只有改进这种"一言堂"的评课，采取形式多样的评课方式，才能更为有效地促进教师的专业成长。

一、"研讨式"评课

评课是民主、平等、互动的研讨活动,不仅是耳朵对嘴巴的事,不仅是专家要行动起来,更重要的是参加研讨的每个人都要行动起来,大胆发言、各抒己见。

1. 自评

自评,就是执教者在授课结束后,面对同行和专家评述自己的教学,这是执教者与专家、同行的对话,也是对自己课堂教学的总结与反思。一般自评的内容包括对教材的分析,教法、学法、教学程序的设计与实施情况,以及教学中的亮点与不足之处。自评时要客观审视、冷静分析,注重把新的教育教学理念与实际教学相结合,抓住教学中的得与失,有重点、有层次地进行评述,语言要精练准确。

教师是教学工作的组织设计者,只有教师本人最清楚自己所教学生的水平、个性特点与需求,最了解自己教学设计与实施的每个环节。因此,把"评课"作为教师专业发展的过程,就必须给教师提供自我评价的机会,鼓励和帮助教师正确评价自己的优点与不足,培养教师自我反思的意识和能力,这样才能不断促进教师专业素质的提高与发展。

2. 互评

互评是教师间的一种相互交流、学习的有效活动。授课结束后,在教师自评的基础上,活动组织者组织教师进行互评,最后集中反馈,这样有利于促进听课教师全员参与评课。这种多向的信息交流,为执教者提供了更多改进教学、全面发展的方法与策略。互评的过程又是评课教师相互学习、借鉴反思、提升专业素养的过程。评课教师在小组评议时要注意在认真听课的基础上,从不同角度和侧面进行评析:既要看常规,又要看改革与创新；既要看预设，又要看生成；既要看教师的主体引导，又要看学生的自主探究……另外，评议时要善于发现执教者的闪光点，并及时总结交流，对于执教者的不足之处，应坦诚指出，并给予帮助指导。

3. 总评

专家具有专业的理论知识与丰富的实践经验，能对课堂教学进行全面客观的评价。学校应尽可能地邀请当地有名的特级教师、教研员、骨干教师参与评课。面对课堂教学中存在的不足，以及教师自评、小组互评中争论不休、难以定夺的问题，专家能够从理论与实践相结合的层面，给予解答，进行总结性评价，并能提出指导性意见。专家的总评是指点教师教学迷津的钥匙，会使教师受益很大，能促使教师深刻反思、快速成长。

二、"多主体参与式"评课

《基础教育课程改革纲要》指出："建立促进教师不断提高的评价体系，强调教师对自己的教学行为进行分析与反思，建立以教师自评为主，校长、教师、学生、家长共同参与的评价制度，使教师从多渠道获取信息，不断提高教学水平。"因此，除了教师（执教教师和听课教师）、专家参加评课外，还应注重学生、家长等多主体参与评课，这样能从更多角度为教师的发展提供策略与途径，引导教师在前行中反思，在反思中前行。

1. "学生参与式"评课

基础教育课程改革的核心理念是"以学生的发展为本"，它强调学生是教学服务的对象，是学习的主体。这一理念不仅应体现在教学目标、教学过程中，更应体现在教学评价中。执教者的一堂课究竟上得如何，课堂的主人——学生，最具有发言权。

在授课结束后，可以直接让学生谈谈课堂中教师留给他们的印象，谈谈他们参与学习的感受与收获，也可以让他们发表自己对于上好这一堂课的想法和要求，也可以设计表格让学生通过书面形式参与评课。这些评价结果的产生，体现着学生对课堂教学情况的认真审视和真实反映。这种评价是学生的切身感受，洋溢着孩子童真的心语，展示着孩子真诚的建议，能使教师发现课堂教学的不足，便于教师反思教学行为、变换教学策略、发展教学智慧，从而提高自身专业水平。

让学生参与对教师课堂教学情况的评价，不仅体现了以学生为主体的理念，尊重了学生的个性和人格，更重要的是改变了教师们从单一的视角来审视课堂教学的局限，避免了对课堂教学有失偏颇的评价，同时也体现了评课主体的多元化、民主化，有利于增强评课的针对性、科学性和实效性。

2."家长参与式"评课

教师的课堂教学水平不仅要经得起校内师生的评价与认可，更应经得起社会和家庭的检验与评价。作为家长，他们最关心的是孩子的成长，因此特别关注和支持学校的教育。他们是富有生命的个体，知识、经验、兴趣、思维方式都不尽相同。因此，学校必须充分利用家长的智力资源，让家长走进课堂，参与听课、评课。这样可以拓宽评价的渠道和空间，从更多角度为教师的发展提供策略与途径，弥补学校师生评课的不足，有利于促进教师的全面发展。这是一种新的课程资源——"家长资源"，它用之不尽、取之不竭，如同一股流进校园的清泉，正涌进课堂，帮助教师们反思前行。

三 "主题式"评课

"主题式"评课是针对某一研究专题或主题目标而采取的一种评课方式。主题式评课可以一改过去面面俱到、重点不突出的做法，每节课围绕一个主题进行听课评课，从而使教研活动更具针对性，更有深度。因此，听课教师在听课之前一定要深入研究主题内容，带着问题听课，听课时要关注细节，不断思考，找出每个与主题有关的细节背后的教育意义，以便提出新的、有价值和有针对性的问题。只有这样，才能使执教者不断改进，不断提高。

1. "草根式"评课

"草根式"评课，即评课教师在评课的过程中与执教者一起协作，走近学生，走进教材，弄清这堂课在本单元、本学科中的教育价值，共同设计教学流程……在这样的交流与碰撞中，引领教师从源头去认识、去理解课堂教学，这样才能真正推动教师的专业发展。

把评课者定位于教学活动的参与者、组织者，让评课教师有"备"而听，并参与到教学活动中，和执教者一起进行课堂教学活动的设计和组织，并尽可能以学生的身份参与到学习活动中，这样他们才能获取第一手的材料，从而为客观、公正、全面地评价一堂课奠定基础。

2. "激励帮助式"评课

"激励帮助式"评课的对象大多数是刚走上工作岗位的青年教师，他们在讲课的各个环节上尚处于不成熟阶段，各个方面的可塑性都比较大。因此，对待这样的课，评课者应当从帮助、培养的目的出发，全方位地给予执教者以指导，诸如备课情况、重点难点的把握、讲述的表现、提问情况及教育机制、板书情况、讲练时间的分配、学生发挥的广度和深度等，切莫对执教者求全责备，求全责备既是不可取的，又是不公平的。所以，评课者应当对执教者的各方面予以重视、肯定，进而提供准确的（而非理论层面的套话）和根本性的（而非评课过后不再过问）帮助。因此，评课者评课时要注意语言婉转平缓，态度要热情诚恳，有一种亲和力，让执教的老师感到你在和他平等交流。这样，执教者才能听得入耳，记得仔细，笑得开心，改得迅速。反之，如果评课者以长者或领导自居，颐指气使，"你这样做不对，你应该怎样怎样……"，即使你评得正确，教师也会产生抵触情绪，不利于他们的成长。

3. "跟进式"评课

所谓"跟进式"评课是指教师在上完一节课后，评课者与执教者共同讨论教学中的优点、缺点，提出修改意见后，执教者在修改的基础上再进行教学，然后再进行评价和修改，如此反复几次，使教师的教学行为不断改变、教学水平不断提高。

"跟进式"评课与教研是为了发挥群体的实践智慧，以不断解读与提升新的教育理念，探索符合当代教育理念的、具有教育创新价值的教育行为，并举一反三，促进教师有效教学能力的提升。开展"跟进式"的评课研究，一方面，可以改变以往教研活动一次性听课、评课中不求甚解的弊端，通过反复实践反思，不断"将理念转化为行为"。另一方面，可以充分发挥骨干教师的群体智慧，使不同背景和层次的教师都得到专业发展。

据一项调查显示：在"哪种听课、评课方式对教师帮助最大？"的调查中，教师们选择较多的是：①专家、优秀教师和自己合作备课、听课、评课，研究改进；②优秀教师的课，并结合自己的教学实际参加讨论。教师选择的这两类，既有讨论、点评又有与自己教学实际结合的行为跟进。显然，教师需要的是有行为跟进的全过程反思。

为引领青年教师专业发展，不少学校实施了"青蓝工程"，规定学校中层业务干部、骨干教师必须跟踪指导一名青年教师，每天互相听评课一节，指导青年教师上示范课，同时跟进青年教师课堂进行指导，发现问题共同解决。此举实现了骨干教师与青年教师的共同成长，推动了教师专业化水平的快速发展。

总之，只有改进评课方式，做出恰如其分、准确全面、有效到位的课堂评价，才能充分发挥评价的诊断、激励和导向作用。它是提高教师教学水平的有效手段，更是促进教师专业成长的"点金石"！

听评课制度的反思和重建

马丽丽　张　烨

　　一个阳光明媚的午后，悠扬的午休音乐给喧闹的校园带来了短暂的宁静，小小的会议室却变得热闹、拥挤起来。"快来，快来，听了不许白听啊！"学校里最年轻的"小不点儿"曾楠楠正招呼着大家。她今天上午刚讲完一节语文课《寻找秋天》，这不，刚吃完饭，就把听她课的老师都"召"到了会议室。低年级组的老师不用说，全齐了；高年级的郑津、张伟老师；中年级的穆君、曹莉、刘宝云老师；教导处张主任、马校长……听了课的一个都没落下。

　　"这节课我是这样设计的……"曾楠楠见大家坐定了，开始了自评。

　　"大家都帮我说说，可不能白听啊！"曾楠楠半开玩笑地结束了自评，"宝云姐姐，你先说。"

　　"用你数学的眼光，先给评价评价。"

　　"我认为设计得挺有层次的。"

　　"举例说明！"楠楠正儿八经地让她补充。

　　"比如，第1自然段的教学，她是这样进行的……"刘宝云带着大家回顾起来。

　　……

一次听课后的评课就这样拉开了序幕，宁静的校园中，只有这个角落还在对话，甚至还在争论却不失和谐……

这种场景对于学校的每一位教师来说都是非常熟悉的。听评课对大家来说，已经是习以为常了，它似乎更是一种活动，而不是一种制度。

这种不像制度的制度，经历了这样的反思与重建的过程。

一、诊断听评课制度症结——只见制度不见人

关键词：规定、任务；被动、惧怕

（一）意识决定行动这样的故事，每天都在上演

相信每一个教师都有过听评课的经历，听过很多教师的课，也评过很多教师的课；自己的课被听过很多次，也被评过很多次。我们不妨回忆是否有过这样的情景：

情景1：开学初，组长给大家布置了本学期的研究课任务，一人至少两节，组长第一个讲，一学期的讲课任务就算完成了。

情景2：该上课了，领导、老师夹着听课本来了。学校规定，每个月必须听课两节，否则，就会与经济挂钩。为了完成任务，老师不得不提上一把椅子，匆匆走进教室，听完课，又不动声色地走出教室，而讲课老师则长出一口气，总算完成任务了。

情景3：评课了，领导与执教老师相对而坐，领导侃侃而谈，执教老师低着头一个劲儿记录。评完了，教师拿着"量化表"，"悲伤"往往大于欣喜。

情景4：期末了，该收听课本了，数数，还有3节课没听够，于是找来一本，抄上几节。

面对这些情景，我们不得不思考：听评课怎么了？

（二）透过表面现象，挖掘制度的内隐概念

拿来学校听评课制度细细研读，我们发现：制度见章不见人，重章不重人。具体表现在：

1. 数量第一位。制度规定，每学期每人必须在组内讲两节研究课，听课要求最少是20节。

2. 评课反馈依据量化打分标准。

3. 行政检查是执行听评课制度的手段。

可见，规章细则化、标准化，而且配合量化评分，简直把教师、学生当成管教的对象，把领导变成了监工。这种管理实质扭曲了教学的本性，教学过程被程序化、机械化、标准化了。管理变成了检查，教师疲于应付，在这样的背景下，即使有所谓的教学改革，也是做表面文章，搞形式主义。

我们不禁反思听评课制度是为谁而定？为什么而定？

二、重新构建听评课制度——基于教师的专业发展

经过多次"诸葛亮"会议，大家达成了以本校教师集体教研为依托，以"诊断式听评课"为过程，以"教师专业化发展"为目标的行动策略，进行相互的课堂教学诊断与反思。

关键词：合作、对话；主动、期盼

（一）重建原则，"制度"要告诉教师什么

1. "定位"引导教师：听评课是我们的专业化生活方式，而不是制度和指令。我们将听评课活动定位于一种教师的日常专业生活、一种专业学习活动、一种合作研究活动，如此，一个完整的听评课专业活动就要包括：课前集体研讨活动、课堂观察诊断活动、课后对话交流活动。

2. "目的"激励教师：相互借鉴、发展自身是最终结果，而不是数量

与甄别。我们倡导这种专业化听评课诊断活动，旨在经历一种合作、对话、探究的专业生活体验；旨在探究发现执教者的教学经验、特色和在教学过程中暴露出来的问题，提出解决问题的方法；旨在给执教者提供符合他自身发展实际的建议；旨在吸纳异质与新机，发展属于自己的风格与才智。

3."过程"启发教师：合作研讨、多元对话是听评课的生活方式，而不是行政检查和"一言堂"。我们强调对这种专业活动不要赋予过多的外在价值——表面的热热闹闹，应尽可能多地追求其内在价值——学生和教师的发展；同时强调这种专业生活的参与者应该秉持开放的心态。这种开放是指研讨的合作开放，参与听课诊断的时间开放、人员开放，评课对话的多元开放。最后，特别提出，评课者不要总是以评判者的心态介入，不要希望用一种"死"的量表去套所有"活"的课和"鲜活"的生命。

（二）制度重建后的故事

新的"制度"改变了我们的专业生活方式，请看：

1."推门"变为"约课"，"计划"变为"公告"

"推门课"是原有听评课制度下的产物，"推门"背后更多地隐含了对执教老师的不够尊重、不够信任、不够人文。而新的诊断式听评课，让"推门"退出历史舞台，改为"约课"。大家根据进度与研究主题，集体约定研讨某课，研讨后约定何时讲课。

随之改变的是我们学校的公告栏，原来的"每周听评课计划"变为"每周听评课公告"，两字之差的背后，是对执教者的信任与尊重。而看约课的公告，已成为教师们的习惯，根据时间表，大家会自行调好课准备去听一听。于是，你会经常听到这样的话语：

"周四，我讲课，帮我听听啊！"

"真遗憾！今天我课多，实在调不开，没能听成你的课。"

"老师，今天我们上一节体育课，欢迎您来听。"我们的学生也来邀请了。

2."独自作战"变为"合作研究","惴惴不安"变为"满怀信心"

专业化的听评课活动,更强调听评之前的"合作研究",这一改往日的教师"独立作战"情况,使备课由封闭、静止实现交流、共享,让备课的过程真正成为集体研究、智慧结合的过程。

这种互动的情景在我们每个教研组都早已习以为常:大家纷纷围坐在电脑前、办公桌前,教案设计者作为中心发言人,介绍自己的设计环节、设计意图,大家在聆听、质疑、讨论中纷纷发表自己的意见。谈到共识之处,大家激动得拍手叫好;被一个环节的设计困扰时,大家又争执不休,但就是在这样的不断产生争执与达成共识之中,大家感受到了集体智慧的无限力量。这种学术的互动使大家进一步形成了相互激励、相互帮助和共同提高的团队关系,而这种融洽关系的形成又反作用于集体备课,使大家知无不言、言无不尽,不仅钻研了教材,研讨了教法,更进一步提升了自己的教学理念,使教育的智慧增值无限,使我们由登上讲台的"惴惴不安"变得"充满自信"。

3."仅仅记下你的思路"变为"还要留下我的思考"

当听课不再是为完成任务,而是与自身专业发展联结在一起时,教师们便更在乎听课中的专业收获——我能够从这节课中借鉴到什么?情境的创设、教师点拨与引导的方法、练习的设计、课堂生成的亮点与失误,等等。于是,听课过程成为教师们期待与思考的过程。由于许多教师是这节研究课的参与者,听课便具备了前瞻性和对照性,"我们的设计是否遵循了教学规律以及学生和老师的实际?""我们的设计是否能达到突破难点的目的?"带着诸如此类的问题,教师们边听课边诊断,边诊断边记录。听课,不再是夹着本子记录条框,听罢,带着椅子不动声色,走之。打开彼此的听课本,左边是密密麻麻的课堂实录,右边是实实在在的思考、质疑与建议,且行且思,不亦乐乎!

4."点评一言堂"变为"评课'我'做主"

以往的"点评一言堂"意味着"话语霸权",造成了教师评课态度的不诚恳与不负责任,要不"无言无语",要不"即兴点评",总之是没有对话的单边活动。而现在的评课对话过程是以教师的发展为核心,执教老师只是合作研究的执行者,他们不必背负沉重的压力。自评时,执教老师把课堂中或精彩、或遗憾的片段娓娓道来,谈自己的欣喜与困惑。互评,则围绕着执教老师所提供的课例细节,大家畅所欲言,或许因为故事的主角就在我们身边,或许因为发现发生在别人身上的问题原来自己身上也有,大家毫不保留地叙述着,每一种不同意见都包含着教师们的深思熟虑,都有值得尊重的理由。对话的过程真诚、平等,但这种和谐绝不意味着"一言堂",教师们的对话,并不是对与错的简单较量与交锋,而是彼此之间关于思考的沟通、理解与接纳。对话,意在寻找一种更好的教学方法,意在追求更具智慧的教学。

我们评课的场所随处可见,也许是围坐在办公桌旁,七嘴八舌;也许是在楼道里便开始了交锋;也许学生们刚刚走出教室,教师们便对着板书展开了讨论。我们的评课还随时可见,也许是在专门的业务研究时间,也许只是在一个课间匆匆见面之时。就是这种正式与非正式的会谈,使评课成为我们专业生活中不可缺少的、充满乐趣的一部分。评课使我们吸纳彼此的长处而形成有效的智慧合力,让课堂教学发挥出更高的效益。

从"怕"听评课,到"盼"听评课,是什么促使了教师行为发生的变化?是教师内需的启动,是教师内心对自身专业化发展的企盼。且行且思,让我们再去反思教学管理制度的建立——基于教师的专业发展!

校长如何评课

周红军

听课调研是校长进行学校教学管理的重要方面，但听课之后的评课却存在一系列误区。

1. 基于身份评课的误区

一些校长评课往往注重自己的身份，存在居高临下的一面，其评论也往往成为基调，导致一些教师即使有不同的看法，但由于校长的评课基调，也就唯校长所云为是了。如一位校长评价一位新教师的公开课时，第一句就是"我认为你这一节课不成功。"这样一来，首先给开课老师当头一棒，而其他评课老师也囿于这样的基调，就多找开课老师的不足，而很少找优点、亮点了。

2. 跨学科评课的误区

一般来说，校长也是由普通教师成长起来的，就是说，校长成为校长前也是某一学科的教师。成为校长后，听不同学科的课不可避免，但由此产生的问题是：许多校长常常把自己所教学科上课的一些环节、方法、评价、预设生成等的评判标准用于其他学科的评课上，导致出现忽视具体学科的特点而武断评价、千篇一律的后果，这既暴露了校长自身对各学科理解的不足，也给非本学科的教师以后的教学及成长等带来了不良影响。如文理科上课的一些环节、步骤、评价等存在本质区别，一些理科出身的校长对文科教学的读、看、实践活动等不以为然，认为应多练习、多做题，这对于语文、英语、政史地之类的学科教学是不足取的；同样文科出身的校长对理科教学的评价更应慎重，要由于教材、观点等的变化而变化。

3. 不同学段评课的误区

如完中、九年一贯制学校（小学、初中）、十二年一贯制学校（小学、初中、高中）等，其校长可能是某一学段的教师出身，对该学段的教学、管理比较熟悉，但对于其他学段的教学、管理等可能就不太熟悉，这就造成了校长评课往往从自己熟悉的学段教学出发，机械教条地以该学段的评价标准、具体环节、课堂理念等作为评价别的学段的标准，这不利于评课的客观公正，不利于教师的成长，也不利于良好、浓厚、民主的教科研风气的养成。如在一所完中，初中学段出身的一位同志担任学校校长，该校长在听完一位高中教师的课后，对该教师提出批评，认为该教师上课内容比较空洞、环节不严密、课堂效率不明显。事实上，这位教师上课的内容是高考中虚词知识点的复习，该知识点本身就比较抽象，就是结合实例分析，学生理解起来也有一定难度，所以学生兴趣不浓、上课热烈程度不够等也就不足为奇，并且虚词知识点作为汉语言学习的一部分，教师的教、学生的学和应用是一个长期的、潜移默化的过程，所以这位校长的评课就有点门外之见的味道了。

那么校长如何才能客观、公正、合理地评课呢？

（1）淡化校长身份。具体评课时，校长应淡化自己的身份，以一个普通听课教师的身份提出建议性的见解，最好在别的教师谈完自己的看法后，自己再发言。具体评价时应客观，尤其对于新教师，应肯定多于否定，鼓励多于批评。校长应意识到，无论是听课还是评课，也是一种学习、探讨的过程，居高临下是不足取的，只有以一种平和的态度与教师打成一片，彼此敞开心扉开诚布公，才会有畅所欲言的场面出现、才能有促使开课教师不断进步成长的效果，所以校长评课的态度要随和。同时，以一种探讨、商量的语气进行评课更易于被他人接受，当然，对确实存在的不足，也应因人因地的直言不讳。

（2）对所听学科尤其是自己不熟悉的学科要有大致了解。各学科有各学科的特点，校长听课前应翻阅相应教材或找所听学科的教师学习、了解有关该学科的特点、知识结构、上课环节、教学生成、教师具体上课的共性过程和方法等，这样不但有利于听懂教师的上课内容，对于客观、公正地评课也大有帮助。

（3）从微观角度了解各学段上课的有关情况。学段不同，上课的方式、手段、效果、生成等就会有各自的特点，如幼儿园、小学的课堂上，小朋友们肯定既热烈、又活跃；高中生则有了几分理性，如果因为高中老师的课堂不热烈、学生发言不踊跃就认定该教师的课堂效果不好，就未免失之于武断、片面。作为校长，应深入了解各学段的课堂环节、学生反应、知识和能力的不同目标、过程和方法的不同安排、情感态度和价值观的不同定位等，从而对不同的学段教学有一个基本性的认识，并带着这些认识来听课、评课，效果可能会比较好。

（4）对一位教师的课，进行单向评价会使得评课变得片面。校长可以在听完一位教师的课后，再听几节同学段、同学科、同一年级的其他老师的课，通过横向比较，做出相应的评价，这对于校长评课的完整性来说不失为可借鉴之举。

（5）校长外出听课是正常的事，但不能把外校教师的上课作为一种模式标准，尤其不应该把重点中学教师的课奉为经典，并以此作为评价本校教师上课优劣的标准。因为学校不同，学生素质会有所差异，应该从本校实际出发，从教师、学生的实际出发，进行恰如其分的评价、引导，当然，外校的好的做法可以作为借鉴加以推广，但不应硬性规定，导致千篇一律，引导本校教师通过比较，发现自身不足并加以改进，争取不断进步，使自己所上的课卓有成效，才能为学生所欢迎。

校长听课、评课是日常教学管理的重要环节，校长评课的客观、公正与否将会影响到教师的成长、学校的教学管理，甚至会影响到学校品位的提升、学生的未来发展。所以对于校长来说，评课应在深思熟虑、态度谦和、学管双用、鼓励为主、了解不同学科、注意不同学段区别的基础上进行，这样的评课才会为教师信服，才会有实效。

第五篇

评课现场
——教、评的激情互动

"捕捉有趣的镜头"评课现场

课堂实录

(执教者：黄剑锋)

(课前师生有趣对话)

一、创设有趣情境，扎实语言训练，提供写作素材

1. 欣赏、描述有趣图片

师：我们课前的对话有趣吧？更有趣的还在后头呢，先请看一组图片。

2005年春节联欢晚会的"千手观音"，想必给你们留下了美轮美奂的印象，请看另一版本的"千手观音"。(出示"搞笑版千手观音"图)

师：班上有足球迷吗？你们认识哪些足球明星？

生：贝克汉姆、罗纳尔多……

师：但不管是贝克汉姆还是罗纳尔多，遇到下面的守门员，都难以大显身手。(出示"超级守门员"图)

大家开心地比个"耶"的动作，你们可没想到，她也会这样比。(出示"菩萨的另类表情"图)

师：同学们一定见过甚至照过全家福，但下面的"全家福"你一定没有见过。（出示"动物全家福"图）多么温馨的一家啊！

大家可能见过千姿百态的睡姿，但你应该没有见过这样的睡姿。（出示"小孩奇异睡姿"图）

这几个镜头有趣吗？哪一幅最有趣？谁能够用"……太有趣啦！瞧，……"这样的句式来说一说每一幅图有趣在哪里？

生："菩萨的另类表情"多有趣啊！瞧，只见她双手比个V字形，好像在给谁加油似的，脸上笑眯眯的。

师：一向庄严肃穆的菩萨也有像你们一样轻松、开心的时刻。

生："小孩奇异睡姿"多有趣啊！瞧，小孩子晚上睡不够，白天接着睡。

师：太出乎意料了吧，趴在鞋子上居然能睡大觉，当然，他也可能还在做着美梦呢！如果是这样的话，我们祝他美梦成真！

生："动物全家福"多有趣啊！瞧，一大群小鸡围绕着公鸡、母鸡在拍全家福。

师：瞧，两位鸡家长神气的样子，大概是因为儿孙满堂而得意呢！

生：胖子守门员多有趣啊！身体把整个球门都挡住了，连罗纳尔多面对他都无可奈何。

师：是啊！这位守门员庞大的身躯犹如一堵墙，把球门堵得严严实实的，套用李白的一句诗：进球之难，难于上青天啊！

（注：每当教师出示或师生介绍一幅图时，都逗得台上学生、台下听课教师开怀大笑）

2. 拓展、描述生活有趣镜头

师：同学们，在生活中，你们见过类似有趣的镜头或事情吗？先不急着说，为了让大家能够说得更好，老师教给你们一种神奇的方法，就是闭眼用心写作法。（课件出示）具体做法是：闭上眼睛，静下心来，想象自己就在脑海中写文章，一句一句地写着。

（学生闭眼用心写作生活有趣镜头）

师：想好了吗？想好了请睁开你那双迷人的眼睛，举起你那只白嫩白嫩的右手，当然左手也可以。谁来说一说？不在于说得多，而在于说得有趣。

生：有一次，我在吹泡泡，我吹了一个很大的泡泡，越吹越大，越大越吹，结果破了，泡泡弄得我满脸都是，眼前一片白茫茫。我灰溜溜地走到一边去了，从此再也不敢向人炫耀了。

生：有一次我到同学家里玩，在路上碰到一个乞丐，乞丐对我说："小妹妹，给点钱吧。"我看到他那可怜的样子，掏了一下口袋，说："身上只有5元钱，买东西需要4块5。"他却说："没关系，没关系，我可以找你4块5。"他接过5元钱后，便数："1块、2块、3块、3块、4块，1毛、2毛、3毛、4毛、5毛，这是4块5，给你吧。"我的伙伴说："你真傻。"她笑得前俯后仰。我哭笑不得地说："那也没办法。"

师：给乞丐钱，还让乞丐找钱，这是我听过的最有趣的事，太有意思啦！

生：有一次，我在家里写毛笔字，因为桌子有点斜，毛笔顺着桌面滑落下来，我生怕弄脏地板，便低头去接，在我弯下腰时，不小心碰到了桌腿，没想到，墨水瓶也滑落下来，正巧掉在我的头上，墨汁流在脸上，我变成了关公脸。

师：墨汁是黑的还是红的？

生：黑的。

师：黑的怎么会是关公脸？应该是包公脸。

生：小时候，我看到妈妈有一件漂亮的大衣，我很想试一下。一天，

129

终于盼到她出门了，我便急急忙忙地、偷偷摸摸地穿起那件大衣，咦！妈妈穿时只到肚脐，而我穿上却盖过膝盖，甚至垂到地板上，我还左摆右摆，摆出好酷的姿势。

师：我也悄悄地告诉你们，黄老师小时候也这样干过，穿着大人的衣服表演，自个儿找乐。

3. 开展传话活动，描述有趣镜头

（1）明确传话规则

师：刚才有趣的镜头要么是人家捕捉的，要么是回忆以前的，我们来玩个传话游戏，进行现场捕捉，怎么样？

师：先请看传话规则，请大家快速浏览，老师要强调的是：传话时要悄悄地说，而且快速传；每人只能听一次，传一次，不可重复。

（2）指导现场捕捉

师：我们要横着传，全班共有6排，老师要请两排举行传话比赛，哪两排愿意呢？

（各排学生争着要）

师：（举实物）这是桃子队，1、3排就是桃子队的亲友团，挥挥手；这是辣椒队，同样，4、6排就是辣椒队的粉丝，简称"辣椒粉"，也向大家挥挥手。到底是水蜜桃甜，还是辣椒辣，我们拭目以待。

师：两队的第一个同学分别上台领传话内容。没有传话任务的同学不能"没事偷着乐"，你们除了用各种动作和表情为你们队加油外，还有一个任务就是"捕捉有趣镜头"，怎样捕捉呢？（板书：仔细看，用心想）看什么呢？看同学的动作、神态，想什么呢？想象同学的心情。

师：两队起立，一传完就可以坐下。传话比赛现在开始。（在第3和第4名同学间"冰冻"！教师圈定几个活动者及拉拉队员有趣的姿势定格）等一下被我点到的同学要让你们委屈两分钟。

（两队进行传话，师在学生活动中喊"冰冻"）

师：请这两位、这一位……同学们保持好这个有趣的姿势，没有点到的同学可先解冻。有趣的镜头出现了，请把你们的眼睛像聚光灯一样齐聚过来，看过来，看看这些被冰冻的同学有什么有趣的动作、神态，想象一下他们可能在想什么？心情会怎样？谁来说一说？同学们还可以边听边快速记录你认为说得好的词句。

生：张伟杰挥舞着双臂，如同超人一般，在给桃子队加油。

生：许小薇正在悄悄地告诉许静昕，而卓悦急忙迎上前去听传话内容。

师：可见传话同学的心情是多么着急啊！

生：美颖转过身去听依琳传话，依琳接完话后把手比成喇叭状正要传给下一个同学，没想到老师一喊"冰冻！"，美颖顿时呆住，露出了无奈的笑容，而依琳却是焦急万分，多么有趣啊！

师：刚才老师一声令下，紧张而又有趣的传话比赛开始了！队员们有的神色慌张，有的则镇定自若，只见上一个同学一接到话，便迅速转身靠近下一个同学，用嘴巴贴近下一个同学的耳朵，神秘地说着悄悄话，下一个同学似乎听不大清楚，于是满脸疑惑，心里可能特别紧张。

师：解冻！没有传话的同学可以像小记者那样边观察边用词句记录你认为有趣的镜头，等会儿写作文时就可以用上。

最后一个同学接到传话时请把内容写在纸条上，并拿到前边来，其他同学继续记录有关词句。同学们一定很想知道传话内容，请大声读清楚。（师出示原话，对照原话）

生：（桃子队的原话）李奶奶的孙女丢了，她叫妮妮。（桃子队却传成：你奶奶是你妹妹）

师：辈分颠倒了，怎么到这种程度啊！

生：（辣椒队的原话）妈妈赶马，嫌马慢，妈妈骂马。（辣椒队却传成：

妈妈的脸孔妈妈骂）

师：妈妈对自己的脸孔不满意，可以去美容甚至整容，大可不必骂自己的脸孔。

紧张而又有趣的传话比赛结束了，现在我宣布比赛结果：水蜜桃比辣椒辣，辣椒比水蜜桃甜。恭喜你们，会抢答了！（学生大笑）

黄老师用风趣的语言逗得同学们开怀大笑，你们看，这不也是有趣的镜头啊！你们捕捉到了吗？

生：捕捉到了。

二、在片段写作中，渗透写法指导，激励讲评习作

师：有趣的镜头往往就是这样，一瞬间的、一闪而过的，稍不留神就跑得无影无踪了。我们怎样才能把它们永久地保存起来呢？除了拍照还可以写下来。下面我请同学们来做课堂小练笔。（出示课件）你们可以写"传话游戏"，可以写有趣的图片，也可以写你生活里或想象中的有趣镜头。由于时间关系，请同学们用10分钟写一段话。

在动笔写之前，大家可以运用刚才我们学过的"闭眼用心写作法"，先用1分钟的时间想一想再动笔写，大作家叶圣陶老先生也说过："想清楚再写"。

（学生现场写作）

师：写传话游戏的请起立，告诉大家你们取的题目。

（学生交流写作题目）

生：《期待你的声音》。

生：《桃子、辣椒大PK》。

生：《神秘的对话》。

……

师：哪个题目好？为什么？你们愿意听哪一篇？（《桃子、辣椒大PK》支持率最高）

（学生习作展示与点评）

学生习作：美颖以迅雷不及掩耳之速转过身趴在仕航耳边小声地说着什么，仕航心里那个急呀，就像热锅上的蚂蚁，越听越是一脸茫然，跟看无字天书一样，把美颖急得恨不得把地板给跺出个大洞。

师：老师一听完，脑海中浮现了一个词：短小精悍。大家来说一说这段话好在哪里？如果给他提个建议，你们会怎么改？

生："仕航心里那个急呀，就像热锅上的蚂蚁。"这一句运用了比喻手法，写出了听话同学的急，太生动了。

师：这个比喻句，可以加10分。

生：他观察得很仔细，写了美颖急得跺脚这个细节。

师：通过"跺"这个动作，写出了美颖的着急，既写了心情，又写了动作，从不同角度来写她的急。

生："一脸茫然""无字天书"也写出急。

师：对，这是从表情来写急，这段话从各种角度来写人物的急。你们真会欣赏同学的文章啊！

生："跺"这个词用得很准确。

师：还有什么动词也很准确？

生：转、趴……

师："趴"用在这里好吗？

生：很恰当。

师：说说你的高见。

生：说悄悄话一般说"嘴巴贴近耳朵"用"贴"就可以，但是美颖情急之下，便整个"趴"在仕航身上了。

师：真会评！这位同学不仅作文写得好，而且书法也好。我相信，他以后不仅能够成为作家，还会成为一名书法家，我们把掌声送给他。

师：如果让大家来评分，你们会给几分？

生：99.9分。

师：运用比喻加10分，用词准确恰当加10分，能多角度写"急"再加10分，总共129.9分。

同学们，由于时间关系，我们不能一一给大家修改讲评作文，希望同学们回去能够像我们刚才那样细细地修改作文，要特别注意围绕"有趣"来写具体，比如，可以通过动作、神态、语言、心理等方面突出"有趣"。

师：（小结）同学们，生活中并不缺少趣味、缺少阳光，而是缺少捕捉和发现。只要我们仔细看、用心想，再加上认真听（板书），不仅能捕捉到一个又一个有趣的镜头，写出漂亮的作文，而且能让我们的生活多一些乐趣，让我们的心灵多一些阳光！

专家点评

张文质：今天听黄剑峰的课我很激动，原来总觉得他儒雅有余，阳刚不足，但今天他却给我们幽默、壮美的感受。孙老师非常欣赏黄剑峰的课，请听孙老师的欣赏吧。

孙绍振：我非常欣赏黄剑峰的课，因为他是个"美丽"的男教师。其实，我的第一印象是这不像一堂中国小学的课，更像一堂美国小学的课。美国小学的课非常重视趣味性，非常强调感知，特别是幽默感。所以从这个意义上讲，黄老师的课达到了炉火纯青的地步。他的课题是"捕捉有趣的镜头"，这涉及一个问题，我们的同学为什么不会写作文？为什么写出来的作文是流水账呢？这是因为他们不善于观察生活，结果写出来的就是非常平淡、非常枯燥的东西，因为有趣的东西被无趣的东西淹没了，就没得写。所以有些同学觉得没东西写时，并不是真的没东西写，而是心里觉得这些东西没有趣味，没看出事物的趣味来。像张文质的脑袋，看起来没东西写，我却觉得非常有趣，他脑袋上的头发和他的学问成反比，这就是趣味。我看黄剑峰本身也很有趣味，他一上来我就非常欣赏，一个教师的素养就看他现场即兴的反应，这小子了不起！关于课前的有趣对话，我举两个例子，他问学生："你们觉得老师怎样？"同学们都齐刷刷举手说"很帅"，他就说："支持率100％！"这是一种幽默，这是"故作大爷"。接着又说"英雄所见略同"，这是把对方抬高，这是幽默的技巧。还有学生说老师"厉害"，他便说："不厉害怎么当老师。"这也是"故作大爷"，所以一看就看出来，他很有反应能力，即兴的，他没法准备，这就是所谓的炉火纯青，给我的印象很好。后来他设计的教案里有"搞笑版千手观音""超级守门员""菩萨的另类表情""动物全家福"等，这些图都非常有趣，所以说他进行的是美国式的教学。首先，我觉得趣味把你调动起来，把你吸引起来，让你对我感兴趣，激发学生对内容有表达的愿望。然后就问学生：你最喜欢哪一幅？学生的回答是各式各样的，学生讲到哪一幅时，黄老师都会调动学生，让他们说出自己不同于别人的观点。我讲一句老实话，我对这节课比第一节课更满意。这节课更活了！学生的情绪也被调动起来。有一个学生说："小孩子在鞋子上睡着了。"老师说："如果是这样的话，我们祝他美梦成真！"教师的反应不错。学生介绍"鸡的全家福"时，老师说："两位家长真神气，大概是因为儿孙满堂而得意呢。"老师的话非常风趣。我们通常听到的一般老师跟学生的对话中，老师的话是廉价表扬，这是个非常严重的问题，学生讲些胡话、套话，老师说好，明显是违心的、生硬的、廉价的表扬，这是坑了学生，也坑了自己，委屈了自己。所以说黄剑峰的课堂交流达到了理想的水平。还有一点，前面老师的课提到学生需要想象，但是一带而过，我觉得黄剑峰的课正好是对她的课的补充。想象，怎么想，他有一个非常到位的方法：闭着眼睛写作。如果观察太丰富了，就会有无限丰富的感觉，注意力也就会分散了，然后闭着眼睛凝神——凝神就是想象，闭着眼睛写作，一大创造！想象在这里找到一个操作的程序。你怎么想象呢？你就离开这个现场，超越这个现场，自由调动自己的想象，所以说我认为这个离开现场的想象扣紧了趣味，这不是一般的想象。在他往诙谐方面引导时，有一个学生讲了乞丐找她讨钱，她只有5块钱，但只能给他5毛，其他4块5要买东西，乞丐说："没关系，我找你。"这个学生相当有才气，她提供了一个细节（乞丐找钱数钱）："我找给你4块5，1块、2块、3块……1毛、2毛、3毛……"如果没有"1块、2块、3块……1毛、2毛、3毛……"这就是很平淡的叙述，有了"1块、2块、3块……1毛、2毛、3毛……"这就有趣味了，这是经过想象提炼出来的。那个乞丐长什么样，有多脏，有多难看，都被想象过滤掉了。然后老师有句评价："给乞丐钱，还让乞丐找钱，这是我听过的最有趣的事。"教师在此画龙点睛，马上抓住这个最有趣的一点：让乞丐找钱。这也是工夫啊，这都是我们要学习的。下一个同学讲写毛笔，把墨汁弄到脸上成了关公脸，老师点了一句："墨汁是红的还是黑的？""黑的怎么会是关公脸，应该是包公脸。"趣味就在这里——这个题目是"捕捉有趣镜头"，学生讲得没有趣，老师一点便有趣了，本来没趣的，变得有趣了，本来有趣的，便更有趣了，工夫实在是了不得！他后来设计了一个传话活动，什么"水蜜桃比辣椒辣，辣椒比水蜜桃甜"等，都很有趣。让学生在生活中看到有趣的，不是教师讲给学生听的。本来你看得无趣，我让你看到有趣，这叫人文素养，不是培养你的字词句，而是培养你的情趣，同时有一种幽默感、诙谐性。当然黄老师的幽默感是比较强的，包括后来的写作。传话的结果，失之毫厘，谬之千里，是非常可笑的。学生写完作文，教师评点作文评点得很好。这里我挑一点毛病，他比较注意可以看得见的趣味。比如，一个学生的嘴巴对着另一个学生的耳朵讲，听不得，听不懂，急得这个讲话的学生恨不得把地板跺出个大洞，这是有趣的。但我觉得这并不是最有趣的，这句话要联系上一句话，一个"一脸茫然"，一个"急得跺脚"，这才有趣，这是一。第二是"像看无字天书似的"这句话也很重要，有了"一脸茫然""无字天书""急得跺脚"，才有了有趣的文章。然后，我有个感觉，如果我来评点，把词序调动一下，"一脸茫然""无字天书"是前面的，引出来的结果是"把地板跺出个大洞来"，这样就很夸张，趣味就是在这一点里。要是让我改，讲了半天听不懂，她急得"把地板跺出个大洞来"，可是那位同学还是像在读"无字天书""一脸茫然"，这样，就更含蓄。如果说前者是一般相声，后者就是葛优的冷面幽默了。这就是深层次的趣味，更能引起读者的想象。当然，这是我的建议，不一定对。我请我们的张大师评评。

张文质：说实在的，剑峰的课我听过好多节，在省电教馆我也评点过他的课。原来我觉得他是个文弱书生，但是他当了父亲以后，男性气质升华了，不得了！今天孙老师听完课后评点了一句："北有窦桂梅，南有黄剑峰。"意思是要把他推出去，让更多的老师领略一下男教师的这种自然的、率真的，又具有现场感的幽默感。说实在的，我今天听课听得都忘记作记录了，完全随着黄剑峰进入他的课堂，觉得非常开心，而且不断期待这个课堂有意想不到的情境出现。孙老师自己本身是个幽默大师，曾经在中央电视台讲过系列的幽默讲座——《话说幽默》，所以他对课堂的幽默价值极其看重。我觉得可以进一步探讨这个课题，如果一节课能给孩子带来这样的快乐，带来这样的智慧启迪，这样的精神放松，就极具价值。我还注意到，孙老师也提到这一点，在黄老师的课里，孩子也变得幽默起来，包括那个孩子给乞丐钱，复述乞丐找钱时的数钱，确实一般的孩子会说："找你

执教者反评

这节公开课能够得到同行的"好评如潮"是我未曾料到的,因为直到临上的前两天我才找到感觉;而这节作文课能够受到评论家孙绍振教授的"高度评价",更是我始料未及的,因为我们都知道,孙教授是以"批判"见长,以"炮轰"著称的。说实在话,评完课的那一刻,我感受到了一种从教以来从未有过的,发至心灵深处的欢快、满足、超然的成功体验,我想,这就是所谓的"高峰体验"吧!从那以后,直到现在,乃至将来,我都会时不时地重温、回味、享受那一美妙时刻!

但是,欣喜之余,静下心来思考:课果真如此成功?我果真如此优秀吗?

这是一节作文课,不是活动课,课堂上游戏时间所占用的时间是否过多?这是一节四年级的作文课,不是习作入门课,是否过多地强调了学生的习作兴趣而淡化了写作的指导?这是一节写作课,从某种程度上讲也是思维训练课,是否有过多信息的堆积而缺乏材料的深度挖掘?⋯⋯总之,是否活动味有余,而作文味略显不足?而这一些,评课者们却只字未提,是我自己的误解?是什么遮蔽了听课者的眼睛?还是他们对我的宽容?

"课堂幽默达到炉火纯青""课堂交流达到了理想的水平""北有窦桂梅,南有黄剑峰"⋯⋯果真如此吗?亦非然也!课的现场我感受到听课者时不时惊叹于我的应变能力,如孙教授评课时提到的课前谈话时一位学生说我"厉害",我脱口而出反问一句:"不厉害怎么当老师?"课上一位学生描述弄翻墨瓶自己成了关公脸,我进行了及时地追问和应对。其实,这何止是应变能力,如果不会倾听,哪来应变?对学生的关注、倾听和理解,是课堂交流的前提，是课堂生成的来源。只有倾听，才会有未曾预设的精彩！其实，更多的精彩是来自于课前精心的预设。一位大学教授可能很难想象备课时对每一句课堂语言都精雕细琢、反复锤炼，而一位小学老师上如此大场合的公开课是不敢掉以轻心的，哪怕是一句过渡性的话语？这可能是孙教授万万没有想到的。正如叶澜教授说的："如果你没有精心预设，那是你不负责任；如果你不会实时评价，那是你不够优秀。"不可否认，在这节课里，我充分展示了我的幽默，课堂交流也达到了一定的水平，但说实在的，还真谈不上什么"炉火纯青"，也远远未达到所谓的"理想水平"，更不敢与大名鼎鼎的窦桂梅老师相提并论了！

不过，我仍觉得，这是我迄今为止上过的最有"味道"的一节课，那不仅仅是因为我的精彩演绎，学生的出彩表现，更是因为评课者们对我的赏识有加，特别是孙绍振教授和张文质老师对我的极力夸奖。当然，我没有也不会因为他们的赞赏而沾沾自喜、迷失方向，相反，会以他们的激励来鞭策自己不断前行！所以，专家们、听课老师们：请你们在要求执教老师不要吝啬对学生鼓励表扬的同时，敬请你们尽可能多地给执教者一些积极肯定的评价。说不定，你的一句积极评价也会照亮他的整个职业生涯！

"新老师印象记"评课现场

课堂实录

（执教者：陈雪玲）

一、课前师生互动

师：首先自我介绍一下，我来自福州，我姓陈，大家可以叫我陈老师。能给大家上课真高兴，你们呢？

生：我们也很高兴。

师：初次见面，老师给大家带来一份礼物。这是老师带的班级的学生——福州市鼓楼区第二中心小学五年级一班的同学给大家的信。希望你们能成为笔友，通过通信的方式互相了解，在收获友谊的同时，也提高写作能力。请班长来接收礼物。

既然来自福州，教大家几句福州话吧！（师说福州话，生学）

听说泉州话很好听，能教老师说一句吗？（生说泉州话）

哈哈！刚才那位同学说的我不仅听懂了，而且我也会说。（师说生教的泉州话）

师：这是怎么回事呢？原来我的家乡就在离这儿50多公里的乌龙茶的故乡——安溪。这么说来，我们就是老乡了。

（师走进学生与他们或握手或打招呼，或帮他们摆好文具，或帮他们系好红领巾……）

二、说说对新老师的最初印象

师：通过刚才的聊天，咱们就算认识了。这人与人初相识，最初印象很重要。请大家仔细打量一下老师，透过我刚才的言谈举止，能说说对我的最初印象吗？

生：我觉得老师很年轻。

生：老师很文明，讲话时用了许多文明用语。

生：你是个和蔼可亲的人。

生：老师很平易近人。

生：别的老师上课板着脸，可你始终微笑着。

师：你是说你喜欢我的微笑。是的，孩子们，请记住，微笑是人类最美的表情。

生：你的眼睛像两颗水晶葡萄，闪闪发亮。

师：眼睛是人心灵的窗户，你注意到老师的眼睛，真是个有心的孩子。

三、正面观察，抓住特点

师：孩子们，你们真厉害！在这么短的时间里就抓住了老师这么多特点，给了我许多溢美之词。谢谢大家。可是怎样才能使别人对大家所说的话信服呢？咱们是不是可以这样，抓住老师的一、两个特点进行具体的描

述、表达。（师板书：抓住特点具体描述、表达）

师：（请刚才说老师年轻的同学继续发言）你说我很年轻，我想你是注意到了我的外貌，能具体说说我的外貌特点吗？

生：老师的头发卷卷的，皮肤白白嫩嫩的……（生面露难色，说不下去）

师：（引导）观察一下我的五官吧！好像刚才有人已经说了我的五官。

生：你的眼睛像一颗水晶葡萄。

师：才一颗？我是"独眼龙"？（众生笑）

生：老师的眼睛像两颗水晶葡萄亮晶晶的。

师：看，你多能干！不仅自己纠正了错误，还说了一个十分恰当的比喻。学习就是这样一个不断进步的过程。

生：今天，陈老师穿着一件红色的连衣裙，这身打扮使她显得很年轻。

师：真好！这是在观察我的穿着。关于我的外貌，谁还有话说？

生：老师有一头染成金色的头发，长长地披在肩上，还打着卷儿。

生：这卷发看上去像稻田金色的麦穗。

师：哎呀！这个比喻太新奇了，我喜欢。

师：（总结）孩子们，听你们描述了我的穿着、长相，就把老师的外貌说具体了。

好像有好几位同学都觉得老师特别和蔼可亲。关于这一点，你们也能具体说说吗？别着急，我们可以这样启发一下自己，我是从什么地方感受到了老师的和蔼可亲？

生：我发现老师的嘴巴始终微笑着，那双眼睛里充满期待。

师：期待什么呢？

生：期待我们积极发言，期待我们认真听讲。

师：你真是老师的知音，从我眼中读出了一份期待，从我的微笑、眼神中感受到了老师的和蔼可亲。

生：你一上课就和我们聊天，像老朋友似的。

生：你的声音很温柔，像淙淙的泉水一样好听。

师：诗一般的语言哪！

孩子们，在这一环节中，咱们通过合作的方式把老师外貌的一些特点，把老师和蔼可亲的特点说具体了。你们的收获真大，如果把这些写下来，这就是非常好的写人片段。（师板书：写人片段）

四、侧面了解，续说特点

师：孩子们，刚才你们通过正面观察（板书：正面观察）抓住了我的一些特点。大家观察得很认真，我看到许多同学的目光都在追着我走。是的，聪明的孩子总是对新的人、新的事充满好奇。为了满足大家的好奇心，你们可以就我的工作、学习、生活提一些感兴趣的问题，我来解答，这样你们会对我有更多的了解。

生：老师，您是不是每天都加班加点？

师：你在问我的工作累不累？谢谢你的关心。

生：你的爱好是什么？

生：你对你的学生也都是这样微笑的吗？

生：我想知道老师的年龄。

生：你的学生乖吗？

师：听听，你们多厉害，一下子提了这么多问题。不过，老师可是有备而来，我不直接回答你们的问题，我给大家带来了一些资料，相信你们自己能从资料中找到问题的答案。

（课件出示老师家中的图书，展示书架中的图书、杂志的种类，老师到杭州、海南、绍兴、九寨沟、武夷山旅游的照片及老师家中培植的花花草

五、欣赏习作，简单评点

师：在巡视中，我发现有人写我的微笑，有人说我是阳光老师，有人说我是妈妈老师，有人表现我的和蔼可亲，有人描写我的幽默、风趣，有人抓住我爱看书或是爱旅游的特点来写，有人围绕老师的几大爱好来写……我很高兴地发现大家的思路已经打开了。

（一生被请上台，准备念自己的作文）

师：写好了文章，要一读再读，读能增加你的文章的魅力，也能帮助你发现一些不足。

（生读作品，略）

师：老师十分欣赏你的佳作。你看，你围绕一个"爱"字突出了老师的特点。接你文中的一句话：能成为你一节课的老师也是我的幸福。听了这位同学念的这段话，谁能提点建议呢？

生：如果她能把老师陪孩子打羽毛球的事例再写具体些，就更好了。

师：这评点挺到位。最后呢，我想请你们的班长也来展示一下自己的佳作。班长，来，用自己的声音来诠释自己的佳作。

学生作品：秋天的杭州，枫叶红了，跳动的火红精灵在顽皮地尽情释放使人如痴如醉的诗意。老师在那株火红的枫树下留下了自己灿若春光的表情和对快乐最完美的解释。海南，浪涛一次次击打着岸边的岩石，整个海滩只留下游人的笑声和浪涛的呼声。老师坐在海边的礁石上凝视着远方，似乎在期待着什么，她是在期待乌有岛上的彼得·潘来和她分享这一切吗？

师：我真不知道自己该说什么？太好了！你竟能从资料中的两幅照片找到灵感写出这样优美的散文诗，这是老师怎么也没想到的，你给了老师和同学一个惊喜。谁想就这段文字发表自己的看法。

生：首先，她写的角度与别人不同，别人都是写老师的特点，而她是从老师旅游中的照片来写。还有，这段话语言十分优美。

师：谢谢你的点评。孩子们，由于时间有限，我们不能一一展示大家的佳作。不过，老师有个建议，你们可以把今天的课堂内容写成一篇文章寄到榕城来，寄给我的学生也行，寄给我也行。我在美丽的榕城期待着大家的佳作。好了，这节课就上到这里吧，谢谢，孩子们！

专家点评

张文质：今天孙老师在听课的时候非常认真地记录了很多细节，在纸上写下了很多。我想问一下孙老师，对这节课，你最大、最深的感触是什么？

孙绍振：我第一个感觉就是，陈老师对自己的工作不是一般的热爱，而是把自己生命的全部热情都投入这节课里去了。对课程的热爱是我们大学教师和我所观察的中学教师所远远不能相比的，这点我不用细讲。

第二个感觉是，从表面上来看她是非常感性地讲这个作文课，但是她又相当有理论性。比如说，她一开始和学生的交流，一个老师到一个新的课堂上，她有着陌生感和心灵的距离感，因此，她在交流的时候要克服这个距离感，才能比较顺畅地对话。用家乡话、跟同学握手，这都是一种缩短距离的做法，这表明她是懂得一点心理学的，而且会运用。然后她就面临一个问题，要让学生描写一个新老师，然后让学生用语言来表达自己对这位新老师的感受、感觉。感觉印象是非常具体、非常丰富而且是无限丰富的，但是语言是抽象的而且又是很深刻的。因此，教师就必须调动学生的感觉，然后找到或者调动学生的语言记忆的同时帮助他们找到表达他们自己的感觉的方法。所以，她在开始的时候，就让学生对她的言谈举止及外貌进行观察，这些都是非常丰富复杂、无序的，丰富复杂的结果就是无序。但是你要把它变成你的语言，那就必须调动已有的记忆，比如，"和蔼可亲"啊，"平易近人"啊，"与众不同"啊，这些现成的语言放在一起也都是无序的。所以她先把学生无序的丰富的感觉和无序的语言储存给调动起来，然后让他们去回忆，把已经掌握的语言和眼前的感觉激活，激活一种表达的欲望，再然后就是把这种无序的感觉和无序的语言深化，这是非常重要的。因为学生原来就有这些东西，你上课的任务是把它深化，把无序的变成有序的、连贯的、有逻辑的、能够比感觉印象更深刻的东西。

因而，她在有些地方就开始深化了。我觉得比较成功的地方，比如，学生说她的嘴巴永远是微笑的，有个地方是特别好的——说从她眼睛里看到了期待。期待是看不见的，从感觉上来说没有，从心理上来说它又存在，这样就比较深化了，这是她成功的地方。

从逻辑上看，把无序的感觉和语言变成有序的，需要分层次。首先，是正面的。她用的是过渡性的语言，比如，"你们对我印象怎么样？"其次，让学生描述看到她展示的图像的感觉，比如，书橱啊、杂志啊、旅游啊、听潮啊，这些都带有一些语言的回忆。她还用了一些语言，说她自己是花草的护士、美容师，看花草在阳光下跳舞是最大的快乐，等等。她间接地从可感的意境向不可感的意境深入，我觉得她在这方面做得还是比较好的。

然后呢，让自己的儿子（在视频里）出来介绍，介绍她的年龄、（给他）印象最深的特点，说她很幽默，是个"幽母"，所有这一切都在引导着学生从表层的感觉向深层的感受深入。我感觉到，因为这些感觉最后都要落实到写作上去，所以她在最后把这些感觉都归结到一个"爱"字上，因为爱有多种多样的含义。接着她让学生实践，写对她印象最深刻的一点，有很多学生写"妈妈老师""阳光老师"，她念的那篇文章实际上是集中到了"爱"上面，爱孩子、爱生活、爱书、爱花草，是个有爱心的老师。写作还要把思想深化，形成观点，写文章要是没有观点、没有主题就写不下去，文章就失败了。所以那篇文章有些地方是很精彩的，比如，"有母爱的人一定爱自己的儿子，爱自己的学生"；比如，"她的学生是世界上最幸福的学生"。这样，这个主题就出来了，在纷繁、复杂、无序甚至混乱、混沌的感觉中和纷至沓来的语言里，集中起来，就聚焦为一点，这个点出来的时候它已经不是外部的感觉了。爱是看不见的，而且上升为一个理念："爱儿子的人应该爱学生"，做这样的人的学生是"最幸福的学生"。这时的爱花草、爱旅游在最后提炼时都去掉了，变成了一个主题，我觉得这相当成功，就是从外表向内心，从表层向深层，从纷繁向凝聚，最后把思想凝聚到一个焦点上，这样才能作文。如果你从头到脚写下来，从衣着、嘴巴、笑容等几个角度去写，反而不成文章了。

这是她相当成功的一个创意，她心里是有数的，她懂心理学，先是拉近师生距离，从感觉出发，然后从感觉中把它深化，深化成某种观念——爱，爱有很多，然后集中为一点之"爱"。这是相当成功的一堂课，我看了以后非常感动，她有一些关于心理学、关于写作的深厚修养。

张文质：孙老师特别容易被美丽的女教师打动，所以他的感受是丰富的。我在听课的时候可能更技术化一些。陈雪玲老师对课堂实际上是心里有数的，她不是一个笨拙的教师，而是一个有智慧的教师。她走的这条路一定是适合孩子走的，而不是教师硬带着学生去走，所以这种现场感就非常重要。比如，刚才孙老师强调的教师怎么跟学生拉近距离、缩短距离，最重要的就是师生要进入学习的现场，教学要有现场感。我也觉得她从教学设计上很注重现场感，并不是简单地传授知识，更重要的是这些知识、经验、感受是从孩子心里面流露出来的，是孩子自己亲身体验到的。同时，教师对孩子的这种语言表达、现场感的回应方式让你感觉到教师的语言确实是生成的语言，并不是她锦囊里面带来的。我觉得这样一种智慧是教师最重要的智慧，这也是马克斯·范梅兰所强调的，就是所谓的教学机智都是临场性的，你到了临场才知道学生的状态是什么，学生真正遇到的问题在哪里，表现出来的风趣、幽默，表现出来的对语言的敏感，我觉得都是能给我们启迪的。

另外，我说的所谓的技术性，我很少听过能像她运用现代技术运用得这么娴熟的教师的课，这么和具体的课堂教学融为一体，这点我也觉得不错。孙老师一直在批判说，"多媒体"有时候用不好就变成"倒霉体"。今天在这个使用多媒体的课堂里，福州孩子对教师有个评价，这个评价不是一般的盖棺定论式的评价，而是孩子从很多细节里感受到的教师的幽默、风趣、机智，而她的儿子的话则让泉州二实小的孩子感受到这个教师不仅爱学生，也爱自己的家人，爱自己的生活。这对于丰富孩子对这位新教师的感知是很有帮助的，在这点上，陈老师也做得比较成功。

今天早上见到陈老师时，我就问她昨晚睡得怎么样，因为她今天上的是第一节课，上第一节课肯定会有所紧张，孙老师你有没有感受到她今天的紧张？

孙绍振：开始有一点，开始的交流有些不适应，有一种强迫学生喜欢她的感觉，后来就慢慢进入角色里，这是难免的。

张文质：我觉得她今天的紧张还表现在一个方面：她说的部分太多了。她紧张，所以怕冷场，她不断地把这个空白填满。但是这个填满是有麻烦的。课堂上必要的停顿、留白会使课堂真正地丰富起来，孩子的那种感受的多样性和独特性是需要留给他空间，让他自己去过滤、自己去沉思的，所以有时候教师的这种焦急、焦虑、紧张、不从容，会影响孩子思维多样的丰富的展开，不知道孙老师是否同意我的这个看法？

孙绍振：做到那样就炉火纯青了，并不是每个人在任何时候都能做到的。像张文质这样的炉火也不是任何时候都能达到（纯青）这个水准。有的是可遇而不可求,有的是可以努力做到,有的是做得不一定很理想,就像刘翔吧,他不能每次都跑进12秒88,我们的要求也不要太高了。

张文质:从孙老师的补充和订正中,也可以看出他对美丽的女教师的偏爱。我想还有一点,陈老师今天紧张的部分都让我感到比较自然,比较真诚。她不做一种虚张声势的虚伪,反而能让我们感受到她的投入和率真。

短信评课

与君言:生活味很浓的一节课。孙教授说得好,从纷繁到凝聚,值得学习。

139603＊＊＊＊:整节课贯穿了以人为本、重情趣、重感悟的思想,摒除了以往作文课的枯燥单调,讲究表扬艺术,鼓励学生大胆地说,从说到写水到渠成!

1355955＊＊＊＊:和谐的氛围,灵动的语言,丰富的素材,飞翔的思维,无穷的回味。但个人认为还有几点可商榷:

1. 什么是印象?我想其核心应该是自主的观察和判断。陈老师提供了很多正侧两面的素材,但给人感觉是精心挑选并通过引导性的话语加以强化的,这个过程少了些许的学生自主观察和判断,获得的印象是共性的平面的而不是个性的(班长就是一个体现)立体的。(当然这与接触时间有关)

2. 仅凭第一印象,仅凭被观察者自身提供的材料来认识人是不科学的。疾风知劲草,日久见人心,是比较准确客观的方法,教师应对此加以说明传授。

3. 阅读相关资料,是侧面了解人的好方式,带来的学生信件这个资源没有得到很好的利用,很可惜。

"第一反应之后"评课现场

课堂实录

(执教者：赖学贵)

一、捕捉第一反应，定位情感起点

师：刚才的课前游戏让我们明白了什么是第一反应。现在请大家拿出一张没有写过字的纸，拿好笔，然后看一个画面。请听好要求：把你看到画面时闪现在脑海中的第一个词写在准备好的稿纸上。听明白了吗？请看屏幕。（播放一张幻灯片，内容是"坐在篮球里的小女孩"，一位失去双腿的小女孩，坐在篮球里）

（学生看着屏幕，快速写下自己捕捉到的第一个词，陆续有人举手，片刻全都完成）

师：（指一生）这位男孩子，你来告诉大家，你写下的是什么？

生：我写下的是"惊讶"。

师：谢谢你和大家分享自己的感受。（板书"惊讶"）

生：我写下的是"可怜"。

师：（板书"可怜"，面对全班）跟她感受相同的请举手。（举手的有十几位）你们有同感。感受不同的同学接着说。

生：我写的是"无助"。

生：我写下了"坚强"。

师：多么与众不同的第一反应啊！（板书"无助""坚强"）还有吗？

生：我写下的是"向往"。

生：我觉得（她）真悲惨。

师：同学们，大家都真实地写下了自己的第一反应，现在，老师还要请你看看自己写下的这个词。抬起头来，仔细观察画面，想一想是画面上的什么细节触动了你，让你写下了这个词。（学生看着屏幕，略加思索，纷纷举手）

生：这画面上的小女孩的下半身和她脸上的表情。

师：老师建议你这样说，"当我看到画面上的……时，让我想到……所以我写下了……"

生：当我看到画面上的小女孩在篮球里的下半身时，我想到了她的悲惨遭遇，所以我写下了"可怜"这个词。

师：等等，篮球里的下半身？还有下半身吗？

生：用篮球代替的下半身。

师：（赞许地点点头）对，表达时要准确。

生：我看到了她坚定的眼神，虽然她下半身因某种事情残废了，但是她的眼神仍然充满向往，所以我写下了"向往"。

师：说得真好。我们还可以这样说"之所以写下……是因为……"

生：我之所以写下坚定，是因为我看到了她那坚定的眼神。

师：谢谢。

师：我们真是离不开双腿。

生：如果我失去了双腿，我会勇敢地告诉自己，不要害怕！你想，如果一个健全的人，突然失去了你每天都拥有的东西，他心里会有怎样的感受？他适应失去双腿的生活是一个循序渐进的过程，（我）会慢慢接受这个现实。命运对我们是不公平的，但是我不能被命运所左右，要自己去抗争。（话音刚落，同学的掌声响起）

师：真好，面对现实，自己抗争！（还有许多同学纷纷举手）

三、感受生命灰调，直面心灵之痛

师：我知道大家的心里还有好多话要说，我也想说：当我们背着书包来上学，或是登上节日的舞台时，这个小女孩，她只能坐在篮球里，想她自己所想。（稍有停顿）我给大家带来了一段录像，也许可以解答你们心中的疑问，也许你能看到你正想说的内容。请大家注意画面的细节和人物的语言。

（播放录像——随画面的出现响起凄凉的二胡伴奏曲）随后，画外音起，一个小女孩自述：我叫钱红艳，今年7岁了，在我4岁的时候，我们几个小朋友去给正在地里干活的妈妈送钥匙。在我们穿过公路的时候，只见一辆汽车向我们猛扑过来。当我醒来的时候，我只觉得我的两只脚冷冰冰的，我叫妈妈给我穿上鞋子，妈妈什么也没说，泪水滴到我的脸上。（学生中有人捂着嘴）原来，我今生今世再也不用穿袜子穿鞋子了，甚至连裤子也不用穿了。我走路的鞋子是一个篮球，到今天为止，我已经磨破了6个篮球了。（现场很静，学生中有人抹泪）有些好心的叔叔阿姨来看我，他们总是给我买一些糖果啦、饼干啦什么的，可是我多么希望他们给我买一个新篮球和一个新书包呀。驾驶员叔叔阿姨们，你们飞快地开着汽车在路上跑的时候，请你们想想我……想想我这个坐在篮球里的小孩儿。我天天在想，谁能给我像别人一样的两条腿呢？（结束部分是小女孩用双手艰难地撑着地面渐"走"渐远、篮球与地面摩擦的声响渐渐远去的画面；画面消失，留下黑幕）

（静场，学生中有人极力不让自己的泪水滑落，不让自己出声）

师：（不让泪水模糊自己的双眼，长吸一口气，对一生）孩子，请站起来，我看到你几乎要流泪了，请你告诉大家，你此时此刻的心情。

（生缓缓站起，手持话筒，张口难成其声，强忍泪水不让流下，周边同学眼神怅然地望着她）

师：（走近，小声地）擦擦泪水，深吸一口气。

生：（擦去滑落到鼻翼两边的泪水，深吸一口气，哽咽着）我看到一个小女孩……她……坚强……（泣不成声）

师：（略停顿）还有呢，从哪儿看出来的？

生：（平静了一下情绪）她失去了双腿，依然活着，而且她并没有对自己的生命感到失望。

师：对，没有失望就是说她还有什么？

生：（神情为之一震）希望。

师：（板书"希望"之后，走向后排的一位男生）是什么打动了你？

生：（嘶哑地）是她那无助的眼神。（欲言又止，眼圈红了，低头，坐回了座位）

师：（示意该生再次站起）我知道，你有千言万语，不知道如何表达，接着说。

生：（再次站起，眼圈红红的）是她那无助的表情打动了我，在那么多人的帮助下，她一定会好起来的。虽然她没有了双腿，但是她还很坚强。（声音低沉）

师：小女孩虽然失去了双腿，让我们觉得非常可怜，让我们觉得应该同情她。但我想问同学们，失去双腿的女孩，她要的仅是人们的同情和怜悯吗？

生：她希望拥有和别人一样的双腿。（擦了一下泪）她希望学习，（哽咽）向往自由。

师：（板书"希望学习""自由"）多么美好的愿望啊！你们想对她说什么呢？

生：我觉得小女孩，她是非常坚强的……

生：我觉得她失去一双腿，坐在篮球上，（这）让我想到海伦·凯勒，她失去了双眼，但是，她可以成为那么有名的一个人。小女孩就拥有这种精神，值得我们学习。

师：所以你对她说……你坚强得像海伦·凯勒。

生：我想对她说，心里自有一种坚强的信念，希望你把这种信念——坚强的信念一直记在心里，像海伦·凯勒那样坚强地活下去，也成为一个成功的人。

师：（插话）如果她能像你说的这样活下去，她的人生会照样精彩。你是从画面中的哪些细节看出来的？

生：我从她脸上看到了坚定，从她用双手支撑着身体顽强地走下去的背影看出来的。

师：哪个细节让你记忆犹新？

生：就是她一个人"走"在一条巷子里的细节感动着我。

师：是的，她那么走着的情景，会让我们想到……

生：让我想到坚强，她虽然没有了腿，还靠着自己的手支撑着往前走。

师：孩子们，小女孩的心愿很美好，但也很小——只是想要个新书包和新篮球，这书包背后包含着什么呢？

生：包含着对自由的向往和对读书的渴望。

师：小女孩是不幸的。一次车祸改变了一个人的命运，甚至可以说改变了一个家庭的命运。当我们想到这里时，最应该对谁说几句话？

（沉静，一会儿后）

生：小女孩，继续你的坚强吧，相信你一定会成功。

师：鼓励得好。小女孩对让她失去双腿的司机是怎么说的，谁还记得吗？

生：我记得她说过，叔叔阿姨们，请你们在开车的时候想一想我吧。

师：她的这句话能让大家感受到什么？

生：她不是一味地抱怨让她失去双腿的司机，而是提醒司机们不要再让这样的惨剧再发生在别的孩子身上。

师：你的发言让我想到"宽容"两个字。

四、书写言语真情，感受生活风采

师：孩子们，千言万语也难以说尽心中的感慨。我建议大家用饱含深情的笔来记录心中的感受。可以写第一眼看到她的感受，也可以写第一反应之后的心理经历，还可以写课堂上的所见、所闻、所想、所感、所言。

（8分钟后）

师：同学们，请你们写完这段话就把笔放下，来交流一下自己写下的片段。

（师投影学生的文稿，生读习作片段）

生：一个坐在篮球里的小女孩，把忧郁的目光投向远方，似乎在思索着什么。看了这画面，我陷入了沉思：或许是因为一场车祸使她失去了双腿吧。多么坚强的小女孩，小女孩曾说过："在马路上驾驶着车的叔叔阿姨们，你们再看看我吧。"这句话透露了小女孩对司机的提醒与宽容，提醒他们不要再让类似的悲剧发生在别人的身上。小女孩的愿望只是一个新篮球和一个新书包，这愿望的背后隐藏着她对自由的向往、对学习的渴望。我想对她说："坚强的女孩，你虽然失去了双腿，但是你得到了一份坚强，希望你带着这一份坚强，勇敢地生活下去。"（学生鼓掌）

师：谢谢大家的掌声，也谢谢这位同学。同学们，谁与她有同感？说出来分享吧。

生：我觉得她说得对，因为小女孩虽然失去了那宝贵的双腿，但是她得到了另一些更珍贵的东西，那就是她的同龄人所没有的，如在困境中生活下去的勇气，还有坚强，这些都是非常宝贵的，可以让她在以后的人生旅途中坚强地走下去。（掌声响起）

师：同学们，也许你也有相同的感受，也许你的感受被埋得很深，听了她们的话，也许就勾起你的感受，这种感受像泉水一样喷发出来。请大家回去后好好改一改自己的习作。这堂课让我感动，让我感动的不是你们写下的那些文字，不是你们说的那些话，而是你们看到小女孩的不幸时流下的真诚的泪水，你们是多么得善良，你们心中的感动让我深受感动。谢谢大家。

（全场掌声）

专家点评

张文质：这么多节课里，武老师听课的过程比我认真，记得密密麻麻的。我想她这么认真地听下来，肯定有很多她自己的发现和心得，请武老师和我们交流。

武凤霞：赖老师给人的第一感觉是沉稳，而且他的问题指向非常明确，他的情感、他所要上的这节课的情感和学生的情感，三者之间交融非常好。这点要感谢他对自己情感的把握、对学生情感调动的合适的度，也要感谢他非常漂亮的有磁性的男中音，同时还要感谢他的语言。他的语言非常的精确，所以在调动学生方面，不会让学生的情感引发出枝枝杈杈，所以才有课堂几方面的融合与和谐。还有一点，赖老师在教学过程中注意发现学生的细节，在有问题的细节中，他的指导是很到位的。在提出"是画面上的什么细节触动了你，让你写下了这个词"时，第一个学生比较随便地说了一句话，他就指导了一句："我看到了什么，所以我写下了这个词。"这个学生非常聪明，马上就调整过来。当接下来的几个学生的思维跟着这个学生走的时候，他很注意把学生的思维拓展开来，引到另外一条道路上去。所以他说，"我写下了什么是因为我看到了什么。"这不仅仅是一种思维的变通，也让我们看到他在很小的细节中对学生进行的语言训练，而语言训练恰恰是作文教学中应该关注的非常重要的点。赖老师选材的角度也很能抓住孩子的心灵。他一开始出示的这个画面，无论是谁都会被触动，都会有感而发。所以这个问题的切入让孩子们有话可说，而孩子们也非常优秀，每个人说的都不一样。

　　我想谈谈几点值得商榷的地方。第一点，赖老师在一些地方有点取代学生思维的意识。比如，当画面静止的时候，赖老师说了一句："同学们，看到这个女孩子忧郁的目光，我在想，她在想什么呢，她怎么会失去自己的双腿呢，她该怎么面对以后的生活呢？"提了这样几个问题后就接着播几个画面。其实我觉得这个地方如果让学生谈可能更好些，看了这个画面同学们有什么疑问，想知道什么，想了解什么，孩子们肯定会说得很多，这样让他们在自己的问题的引领下走进下一环节，对他们的吸引力会更大，对他们心灵的触动也会更大。我想，在课堂上无论什么时候，我们都要尽量不代替学生思维,让他们去说,哪怕他们说得不是很好。

在画面播放完以后,赖老师提了5个问题。这个时候,课堂给人的感觉更多的是在上一节老师引导下的音像阅读课。这之后,赖老师让学生来写作,提示的几点问题给我的感觉是反刍。其实学生的情感已经从最开始的第一反应走到感受的程度,你在引导着学生的感情上台阶,这时候你应该引导学生把感情推到最高潮,但你却倒回来了,让学生写前面,写这写那。我觉得这让你的课堂略有失色。这堂课是指导学生写自己的感受,我们的教学重点应该在如何让学生写感受,如何让学生把感受表达到书面上来。根据这两点,如果让我来改教学流程,我可能会这样:首先,当录像片放完以后,这样问学生——"看了这段影片以后,我相信你心中有很多很多的感受,有很多的话想说,想说什么大家可以交流。"这个过程给学生思维的时间,所以就有两种写作思路:一个方法是抓一个细节谈一点感受,让细节的描述和感受的抒发融合在一起;另一个方法是先写细节再写感受,先用文字把场面和画面中感动你的地方表达出来,然后再整体抒发自己的感受。我想,如果教学在前面一步一步的引导过程中,从这个地方顺着这个指向向前走,这堂作文课的教学价值可能就更强,它的目标指向可能就更集中了。

其次,就是关于我们这个课题——"第一反应之后"。光看这个课题,我可能不知道你要上什么,学生可能也不知道要上什么。我想赖老师在课题设计的时候是从"教"的这个层面来出示课题的,他心中很清楚今天要让学生写的是第一反应以后所产生的感受,但是与教学主体表达感受没有太大的关联。当我们自己拟定一堂课标题的时候应该站在什么层面去拟定?我觉得这一点大家可以一起思考。

张文质:感谢武老师细致而中肯的评点。这节课很让人动情,我想,有时候让人动情也可能很容易。当设计者提供的某种课堂情境本身直接与人性相通时，人只要有恻隐之心，只要有人的最基本的情感，是很容易被感动的。这节课提供的案例本身就具有一种将孩子的情感充分调动起来的前提条件。赖老师的学校在去年加入生命化教育课题研究，我想，在选择题材上，执教者或许希望能够与生命化教育课题的思想有更多的共鸣。但我又想到另一个问题，大家看到赖老师在课堂上前后的状态是有变化的，前面温婉深情、反应机敏，在课堂上情感的抒发、语调和声音的控制都非常好。实际上，我一边听课，有时候也会跳出具体的作文课来思考教师在具体的课堂中的生命表现力。我特别看重他在课堂上对语言的处理和语调的应用，赖老师在课堂中的"抒情主人公"的形象让我很欣赏。但是在后面，赖老师被悲惨的素材深深打动而无力自拔，在这时候你会发现孩子们比我们厉害，他们掉完眼泪后不久就恢复到良好的很自然的表现（状态），倒是教师一直沉浸在里面。教师在这个时候，可能是一个父亲，可能是一个负责任的男人，可能有着比孩子更为丰富更为深刻地去理解这个世界的能力，所以他要走出来是很难的。人的情感沉淀越深，他走出来也就越困难。所以在课堂上运用一个沉重的题材的时候也是有风险的：便利的地方是这样沉重的情感很容易触发孩子的情感；但不利的地方是这个情感可能很沉重，这就有一个基调，有时反而变成题材先行、主题先行。在这种情况下，孩子对情感要有多样的体验就很困难，再加上教师的主题意识，孩子的反应就显得比较单一、浅表，和武老师刚才的观点联系起来，就是怎么回到儿童，回到儿童的生活，回到儿童的理解力，让儿童以自己的方式更丰富更多样地面对世界。如果题材的主导倾向不是那么强，就给我们更多样的理解力，这样是否更好点？

　　我觉得，我们在课堂里要想方设法地引导孩子、激励孩子表现出对世界更深刻更多样更独特更个人化的理解。课堂上应该有留白，课堂不应该有教师过多的预设、过多的准备的台词。有时台词确实精彩，但这会代替孩子的思维。我们需要花更多的时间和关注力来根据孩子在课堂上的反应状态进行回应。这对教师来说是个挑战，但对孩子来说可能会给他提供更好的更开阔的成长空间。

短信评课

1385971＊＊＊＊：钱红艳的素材，既让学生有言可发，有感可写，同时也是一个非常具有教育意义的材料。可以说让学生及现场所有的老师都同时感受到了：生命是何其可贵，我们应当学会珍惜，应当感到拥有现在所拥有的一切是极其幸福的一件事。

林淑棉：听了赖老师的"第一反应之后"，我困惑了：作文课应该怎样上，才不会走向思想品德课的误区？

黄联治：建瓯市赖老师以朴实无华的风格折服了我们，在看似平淡的交流中循序渐进地引导学生说出内心的真情实感，学生写起来也有米可炊、真实可信。

1380850＊＊＊＊：这一堂课的设计意图非常明确，通过活动让学生获得写作素材和写作期待。个人感觉遗憾的是一节课听下来像是在指导学生写观后感。

1366603＊＊＊＊：赖老师这节课让同学们内心感动，激起了同学们的同情，但我们生活中的画面传递给我们的不只是这样，是否可设计一些其他场景，如快乐的、惊险的，或学生自己在生活中遇到过的情景，我想这样会贴近生活一些。

05952891＊＊＊＊：赖老师善于捕捉生活中感人的画面，充分激发了学生的情感体验。但作文课应有别于德育课！

1380854＊＊＊＊：赖学贵老师这一堂课选材很巧，一下子就触动了学生的心灵，让学生思如泉涌，应该说还是很精彩的。

1380507＊＊＊＊：赖学贵老师的"第一反应之后"选材典型，是一节导出有效的课堂：让学生看出泪水，说出情感，写出生命的价值意义……这不只是一节作文课，还是生命舒展的舞台。

1380507＊＊＊＊：赖老师的课，如果以写信的形式更好。不论写给广大的司机，还是小女孩，表达效果更妙：一方面学生自身得到教育，另一方面小女孩也得到关爱与鼓舞，司机也能受到心灵上的震动与省悟。达到一箭三雕之高效。

执教者反评

很期待着武凤霞老师和张文质老师为我评课。精心准备，多角度设想，在试教中不断调整教学方案，"第一反应之后"课堂教学设计最终确定。课堂上我和孩子们一起经历了由我们共同创设的一个情感历程，孩子们体验丰富，并且把自己的体验写进了作文片段之中。

武老师的点评让我很受鼓舞。她点评时指出我在课堂上表现得很沉稳，有漂亮的带磁性的男中音，问题指向明确，自己的情感、学生的情感和这堂课所有的情感，都合适地调动了起来，认为我在教学过程中很注意发现学生的细节，对于有问题的细节，能指导到位，重视对学生进行语言训练。武老师的点评，是实话实说，她指出了我的优点所在，让我受到了鼓励，心中油然而生成就感。更重要的是，她的点评是在提示我，教学可以小步轻迈，在教学中抓住细节，一步一个脚印地对学生进行扎实的语言训练，这更加坚定了我努力的方向。其实我明白，自己的优点很有限，可贵的是武老师在听课时做了详细的记录，细心地发现，挖掘出优点，很郑重地做出肯定。这给我的感觉很奇妙，这多像读小学时得到老师的表扬时的感受啊，整个上午，我的心情都很愉快。评课时，指出教师课堂上的优点，这有利于执教者发扬优点，对听课老师而言也是一个方向明确的引导。

张老师点评时说我是"抒情主人公"。是的，我上课一向相当投入。执教"第一反应之后"时，情随境生，心随情动，以情激情，完全融入了师生共同创设的情境之中。反思自己，发现自己感性的时候特别多，有时在课堂教学中会情不自禁地潸然泪下，有时会开怀大笑。张老师还在点评时说："我觉得我们在课堂里要想方设法地引导孩子，激励孩子表现出对世界更深刻、更独特、更个人化的理解。课堂上应该有留白，课堂不应该有教师的过多预设、过多的准备的台词。有时台词确实精彩，但这会代替孩子的思维。"是的，回到儿童的生活，回到儿童对生活的理解，是我们教学的起点，也是教学的途径和手段。可是我却成了"抒情的主人公"，在我深陷其中时，我的生命时空挤压了孩子的主体时空，他们在我的思维影响下暂时失去了自己的思维。张老师的话，用商量的语气，作深刻的提醒，让我看到理念在前方飞翔的影子。还让我悟到：评课是提高课堂质量，改变教师生命状态和学生生命状态的途径和方法。在课堂教学中，如果教师沉浸于表达自己的情感体验，不能自拔，就会误了大事。

比较两位名师的评课，有突出的相同点，也有鲜明的个性特点。相同点是有备而评。武老师用笔记下课堂教学的细节，以课堂教学为案例，做的是诊断式点评，针对性强。张老师常"带着心情"听课，准备的是生命化教育理念。他关注人在课堂上的生命状态，做的是理念引领式点评。他的点评让我想到，作为教师的我，应当尊重、呵护、张扬学生在课堂中的个体生命状态，而不是以自己的情感或思维代替学生的情感和思维。不同点是评课角度不同。武老师从教学技术与艺术的层面展开点评，这有利于提高我课堂教学的技艺。张老师则是从课堂教学理念的角度点评，意在引起思考，启发反思。

  两位专家，配合默契，分别从不同的角度加以点评，不论是执教者还是听课者，都能从他们的点评中获益良多。不知道两位名师在评课前是否有协作与分工？

"母亲"评课现场

课堂实录

(执教者：朱晓华)

(课前谈话)

师：同学们，离上课还有几分钟，让我们一起来听一段音乐，沉醉在音乐美好的旋律之中。(播放《世上只有妈妈好》，引入课题)

一、导语"开言"，铺垫感情

师(深情地)：同学们，今天是5月17日，前几天我们刚刚送走了一个温馨的节日，是什么节日？

生：(响亮地)母亲节。

师：(激动地)是的，这是一个令所有人都怦然心动的节日。真的，对于我们个人而言，在这个世界上最伟大的人有两个，一个是我们的父亲，另一个就是生我们养我们的……

生：母亲。(师板书课题)

师：让我们一起读这个名字。(生齐读课题)

师：是的，在每个人的成长过程中，会有许多的亲朋好友，但是大多数的人都是你们生命中的匆匆过客、过眼云烟，而这个人却是你们一生的最重，你们一生永远无法割舍的人。让我们再一次深情地呼唤这个名字。

二、以情动人，再现生活

师：是呀，每个人都有自己的母亲，每个母亲都深爱着自己的子女，她们甚至愿意用自己的生命去换取儿女的健康，就让我们一起走近西安的一位母亲。

（播放影视画外音《薛芙蓉的故事》，介绍西安母亲薛芙蓉，为了治好患绝症的孪生兄弟，辗转四处求医，甚至卖肾，最终用母爱打破生命的预言，创造了生命奇迹的故事）

师：看完这段录像，你想说什么？

生：我想说母爱的力量是伟大的。

生：我想说母亲是这个世界上对我们最好的人。

生：母亲为了孩子可以付出一切。

师：用你手中的笔，把你此时心中最想说的用一两句话写下来。

（生全神贯注写句子）

师：谁来读读自己写的话。

生（注视着老师）：母亲是世界上最伟大的人。

师：话语不多，却饱含着对母爱的深深敬意。

生：母爱是无私的，是伟大的。

师：简练的语句道出了母爱的真谛。

生（流畅地）：母亲——一个世界上最伟大的人，母爱总是像天空一样无边无际、宽广无比。

师（动情地）：孩子，你用深情的语言打动了我们。其实像薛芙蓉这样的母亲也许还有很多，但更多的母爱是那份默默无闻的关爱，是那份血脉相连的情谊。让我们来看一组画面，聆听那来自心灵的声音。

（播放图片，背景音乐，教师即时描述）

师（深情配画解说）：那牙牙学步的时光是那样美妙，那是母亲用青春和生命画出的弧线，每一个深深浅浅的脚印里啊，都是母亲牵挂的目光；我就这样坐在你的肩上，母亲啊，就成为我生命的支点，成了我快乐的延续。就这样快乐地守望着，守望着那份美妙的时光，守望着童年无数的春天。母亲啊，你的生命不长了，岁月不久了，但我愿秉承你那平凡而又伟大的名字——母亲。你撑起了那一把小伞，使我童年的天空一片灿烂，你举起了奶瓶，便让我的人生充满了欢乐。母亲，你就要死去了，你就要离开人世了，在你离开这个人世的最后时刻，你把生命最后的乳汁献给了我。母亲啊，我生命的起点却是你生命的终点。我仿佛听到余光中的倾诉：我生命中有两次忘情的哭喊，第一次是我来到这世界上的时候，第二次是你离开这世界的时候。第一次我没有记忆，第二次你没有知觉，可是在这两次之间，已经历无数寒暑，这中间有着多少欢笑，你都记得，我都记得。母亲啊——（观赏过程中，许多学生流下眼泪，沉寂片刻，突然爆发出热烈的掌声）

三、倾诉真情，直白爱意

师：谢谢。此时你会想起谁？

生（深情地）：我的母亲。

师（追问）：你想起她什么啦？

生（做追忆状，缓慢地，大声地）：想起她生我时的尖叫。（笑声）

师（一字一顿，激动地）：那是生命的呼唤，是一个生命对另一个生命的崇敬啊！

生：我也想起我的母亲，想起我过去曾对她发过脾气。

师（走近一位学生，轻抚着该生的肩膀，亲切地）：孩子，我刚才看到你的眼里闪着泪花，能告诉我为什么吗？

生：因为我想起了我的母亲，（哽咽着）我经常朝她发火，（眼角噙着泪水）她还这样为我操劳。

师（搂着孩子的肩膀）：孩子，你的眼眶红了。你向我们敞开了心扉，我们十分感谢你。

师（激动地、感慨地、深情地）：同学们，此时我们每个人都会想起自己的母亲，那么就请大家拿出一张空白的纸，（一字一顿地）把它展得平平整整的，（停顿）拿起笔，恭恭敬敬地写上自己母亲的名字。

（生神情凝重地写母亲的名字）

师（凝重地）：现在，把这张写有母亲名字的纸紧紧地贴在胸口，把它捂得暖暖的，闭上眼睛，用心和母亲说几句悄悄话。

（播放《世上只有妈妈好》，生紧闭双眼聆听着感人的音乐）

师（和蔼地）：刚才你们在心里和自己的母亲说些什么呢？

生：妈妈，你对我作出的贡献实在是太多了。

生：妈妈，你对我一直以来的操劳我实在无以回报。

师（凝视着学生）：我知道母亲已经走进你的心灵深处。

生（流着眼泪）：我的妈妈叫张伟英，伟大的"伟"，英雄的"英"。我想我的母亲永远是我心目中真正的最伟大的英雄。（沉寂）

师（赏识地）：难道不能给予她掌声吗？（掌声）

师：优秀的女儿背后站立着的一定是一位伟大的母亲。是的，孩子，你的眼泪便是对母爱最好的诠释。孩子们，现在用你手中的笔，把你刚才对母亲说的话写下来，（郑重地）就写在你母亲名字的下面。

（生奋笔疾书，有一部分学生一边写着，一边流着眼泪，师巡视）

师：好，停下来，我们做个简短的交流。

生：妈妈，我爱您。您这么不辞辛苦地为我操劳，我却常常对您发脾气，不听您的话。妈妈，您是我心目中最伟大的英雄。

师：孩子，你今天懂事了，你理解母亲了，做你的母亲真是值得庆幸。

生：母爱比海深。妈妈，您是伟大的。

师（肯定地）：铿锵有力。

生：妈妈，我小时候做了太多让您操心的事，现在我长大了，不会再让您操心了。

师（牵着说话的学生的手）：孩子，你非常懂事。你让我看到了一位母亲付出的价值。如果我是你的母亲，我一定会对你说，如果有来生，我一定还要和你做母子。

（生凝视着老师）

师：（话锋一转）同学们，此时你们的心中一定有千言万语，此时你们一定情奔意涌，你一定回忆起了和母亲相处的每一个细节。也许是母亲轻轻递过来的一个苹果，也许在灯下母亲轻抚你的肩，默默地注视着你写作业；也许是闲暇时和母亲一起观日出、放风筝，也许……（停顿环视学生）还有许许多多的也许，那都是一幅幅美好的画面啊，那么就拿起你的笔，把你母亲关心你的最感人的一幕写下来吧。

（播放马头琴《母亲》和《世上只有妈妈好》伴奏曲，生静心习作，师巡视，并指导学生作文的规范格式）

师（示意学生停下来，有一些学生没有停笔）：请还没写完的同学用一两句话结束。（生停下来，注视着老师）

四、师生互动，升华情感

师：我想告诉同学们，刚才老师在欣赏同学们写作文时的一个印象。我对泉州实验小学的老师、同学以及这所学校表示敬意，因为你们写出来的文章非常精彩，在短短的时间里就写了三四百字，并且题材非常丰富，有的描写了和母亲在一起时的快乐时光，有的描写了自己和母亲共患难的一件事，有的描写了自己出生时母亲的特别遭遇。谁愿意将自己的习作与我们共同分享？

（生纷纷举手，师请一女生上台并将其作文投放到大屏幕上）

生（挑其中一段自读）：那一次我生病了……

师（示意停顿）：请你把整篇习作读一读。

生：妈妈，我的好妈妈，您为我操劳了那么久，可我却整天发脾气来"回报"您。以后我不会了，因为您是我心中最重要的。

那一次，我生病了，妈妈，是您用那双粗糙的大手抚摸着我的额头，这双手不像以前那样光滑了，它经历了许多的沧桑。这时我不禁在心里默默地流泪，就这样，泪一直流。

妈妈，我的好妈妈，您是世界上最伟大的人。母亲的爱就像天空一样无边无际。

……

（掌声）

师：掌声能说明一切。在这段文字里你自己觉得最满意的是什么地方？

生：妈妈用粗糙的大手抚摸着我的额头的时候。

师：你指的是你描写的这个细节吗？

生：是的。

师：那么请你用红笔把自己最满意的地方画下来。

（生用红笔画自己满意的句子）

师（面向全班学生）：同学们，你们最欣赏这位同学习作的哪些地方，或者说这篇习作的什么地方让你怦然心动，可以从一个词、一个句子来说说自己的想法。

生：我认为"沧桑"这个词用得好。

师：（师示意作者把这个词画起来）为什么？

生：因为母亲在养育我们的过程中经历了许多事，"沧桑"这个词就可以概括所经历的一切。

师："沧桑"就可把母亲抚养孩子的艰辛淋漓尽致地表现出来。

生：我觉得"无边无际"用得很准确。因为母爱是无私的，又是无限的，母亲把所有的爱都给了我们，"无边无际"就可以把母爱的这个特点表现出来。

生：我觉得从"这双手"到"沧桑"这个地方描写得很好，这样的描写着重表现了母亲不辞辛苦地为我们操劳。

师（赞赏地）：就是把母亲对子女的抚养过程表现了出来，是吗？

生：是的。

生：我觉得"这时我心里不禁在默默地流泪"中的"不禁（jīn）"用得很好。（停了一会儿），"不禁（jīn）"这个词用得很好。因为母亲为我们操劳了那么多，母爱是发自内心的，我们也会情不自禁地为这种感情而流泪。

师：情不自禁地体会到母爱的伟大。你能自己纠正自己的错误读音很好。

这么多同学夸奖你，你想对同学们说些什么呢？

生：谢谢同学们。我想把这篇文章写完，再好好改一改，寄到报刊发表，让更多的人感受到母爱的伟大。

师：(真诚地抚着学生的肩)谢谢你！我希望能早日在报刊上看到你的这篇习作。(转向全班同学)你们对这篇习作有什么修改建议吗？

生：我觉得由于时间的关系写得还不够长、不够具体，如果时间允许的话，应该写得更长更好。

师：你认为哪方面还需要加强？是细节上还是具体的事情上？

生：我认为应该写些母亲照顾你的值得感动的画面。

师(竖起大拇指)：你的建议非常好。其实，无论是中国的还是世界的文学典藏作品中，细节描写都是十分重要的一个因素。其实你也可以向这些文学大师们学习，把细节写具体。(转向作者)你读读这篇文章的最后两句，发现了什么？

生(不好意思地)：人称不统一。

师：该怎么做？

(生自己拿起红笔修改)

师：还有哪些同学希望自己的作品得到展示？

(生纷纷举手，师选一位女生)

生：妈妈，谢谢您，是您给了我生命，是您给了我幸福美满的生活。上次学校组织大家去劳动基地，过了几天，我打了个电话给您，我几乎插不上嘴。您在电话里头问长问短，问我累不累，对我十分关心，还想来看看我。当时在场的其他同学都因为想妈妈哭了，我听了妈妈的关心，眼角也红了，急忙把电话挂了，生怕等会儿会哭出声来。

师：你们最欣赏这篇习作的什么地方，哪些细节打动了你？

生：我觉得"您在电话里头问长问短，问我累不累，对我十分关心，还想来看看我"这个地方打动了我。这句话表达了母亲对我的关心，让人感动。虽然才分别几天，母亲却十分挂念我，怕我着凉，怕我受苦受累。

师：是呀，这里的描写就倾注着母亲对我的关心。

生:"打电话给母亲,我几乎插不上嘴"的描写让人感动,从这个细节可以想到当时母亲一定很激动,她怕我们在劳动基地太累太苦。

生:"这时我的眼角红了……"写得真实,说明当时作者也很想自己的母亲,把自己的感受也写了出来。

师:这就从侧面描写了母亲与女儿的深厚感情。

生:"这时眼角红了"到"生怕眼泪流出来",这表达了儿女对母亲的孝顺。

师:我刚才还看到一位同学用诗歌表达了自己对母亲的感情。(生读自己的诗歌)

师:同学们,我们可以用更多的形式和文体来表达自己的感受。是的,母爱没有终点,只有驿站。让我们在每一个驿站中感受母爱那春天般的温暖,让我们回去好好地修改这篇习作,把它献给母亲。走近母亲,写一写母亲,读一读写母亲的作品,然后做一个爱的使者,把这份人间最美好的感情传递给普天之下所有的人。

专家点评

张文质:福鼎朱老师的声音是今天上午最具穿透力的声音,不知道孙老师听完后有什么感受。

孙绍振:我的感受是这是另外一个流派。第一,他不追求太多的趣味,他追求感情,而且是深情、真诚、凝重、诗化的抒情,所以说他脸上基本没有笑容,但这也是可以的。

第二,他在课堂上所用的语言基本上是规范的书面语言,用书面语言是他的长处,所以他在讲述的时候给人一种朗诵的感觉,而且他沉醉在自己的诗情画意里。反过来说，他的弱点就是缺乏口语的那种即兴反应的灵敏性，这个是大家都能感受得到的。他朗诵的效果非常好，上午三堂课里唯一的下面有鼓掌的，但是我没有鼓掌，我怕他朗诵过火，我感觉有些地方是有些过火。

张文质：这个是痴情而略显笨拙。

孙绍振：我觉得他口语的修养弱了点，比如，学生看完短片之后，他问学生："你想起了什么？"有个学生回答道："我想起了母亲生我时的尖叫。"换作是上第二节课的黄剑峰老师，他就会调侃了："好了不得，你母亲生下你时的尖叫你还记得，你的智商可能超过张文质了。"但是教师没有抓住。

张文质：就是教师一直没有回到生活。

孙绍振：不是，是教师太正经了。所以连布置作业的时候他都说"你们把纸都拿出来，平平整整的，写字要恭恭敬敬的"，这是一个非常正经的、非常严肃的、非常老实的好人，而且"贴在胸前，闭上眼睛，跟妈妈讲话"，都是非常诗情的、非常真诚的，这是一种诱饵的方法。但是我跟你们的感觉不一样，因为这个抒情的方法太难了。抒情的诗是一种概括性的，虽然写的是个人的感情，但写起来是非常具有概括性的。因而你用非常多的诗意的语言写妈妈的时候，妈妈就显得非常概括。因此，几乎所有的同学差不多都在讲"妈妈是伟大的"，反复地讲"妈妈的爱像天空一样无边无际""无私的"，所有这一切到这个时候，我作为一个老师就感觉到学生需要"找到自己"，要找到自己对妈妈的特殊感觉，写你跟妈妈之间的特殊的具体的事情。实际上，其中有一篇学生习作也谈到具体的东西，比如说妈妈的手最早是光滑的，后来变粗糙了，因而孩子被感动了。还有，她说，"妈妈您无私地为我操劳这么久，可是我却经常向您发脾气"，这时候孩子写母爱有些具体的自我感觉了，有些特点了——妈妈是伟大的，但是我不了解妈妈的伟大，到了课堂才知道，平时是不知道的。你没东西写是因为平时有个概念，妈妈都是伟大的、无私的，是永远操劳的，妈妈是永远爱我的，我是永远爱妈妈的，这是诗、是抒情。但是，日常生活中往往不是这样的，妈妈的爱会让我们感到沉重的负担，这叫母爱。你要非常具体地有特点地去写。这些事情和人物的表情要抓住，要有想象，所以说写太多的诗一样的语言，如伟大的、像天空一样的，那接下来就没得写了。诗意是第一步，有特点、有个性是第二步。我的观点不一定正确，仅供诸位特别是执教老师参考。

张文质：今天朱老师上课前放的录像，我看完后非常感动。（放完之后）朱老师就问了一个问题：你最想说的是什么？这和他对课堂的期待确实有关系。我当时心里就想，要是我的话，可能会说：你看完后最有触动的是什么？你最有触动的和你最想说的是不一样的。我很希望，学生能够用心灵去感受我们这样的课，用心灵去感受要比用语言去表达丰富得多，而且会更为自然、更为直接，更具有个人性、个体性。在设计一堂课的时候，我们要定什么基调，可能很重要。我觉得这堂课在华彩的乐章里有一个局限性，华彩的乐章有时候对我们丰富、多样、独特的个体性有限制。另外，在抒情上，我们也看过一些名师上课，有时候过于抒情有可能会在文本的浅表上滑动，没办法回到学生的心灵、回到个人、回到具体的情境中，这堂课在这点上可能有些不足。所以课堂的这种真实的生长是很重要的，包括真实的情感的生长、语言的生长、表现力的生长，这都很重要。课堂要立足在这些方面有所突破。

孙绍振：从教学原则上说，不是从理念出发、伟大出发，而是从学生的感觉出发，从他的经验出发，这很重要。然后从经验提升出来，提升之后就发现，平常非常啰嗦的非常苛刻的母亲原来是很伟大的。这里面有个辩证法，又是伟大的，又是平凡的；又是无私的，又是叫人"讨厌"的，我被你感动了又不让你知道，这才是人生，我们要回到人生。

短信评课

与君言：个人感觉这是一节深情款款的课。孙教授说他过于正经，并且可以加以适当的调侃，我以为不妥。因为教师选择的话题是沉重的，如果调侃的话，岂不大煞风景。比如，哪位教师在教《十里长街送总理》时能调侃呢？况且，生命又怎能只是嘻嘻哈哈的呢？

11：我也不同意调侃。生活需要幽默，但也需要深情。

蔡婉欣：真想不到如此的彪形大汉会上如此深情的课题。对于孙教授点评他没有及时用幽默的语言指出学生所说的"他感受到的母亲生他时的尖叫"，我以为也不全对。

老实人：教师的教学功底厚实，不可否认，他是一个非常合格的语文教师。我想，孙教授说他是另一个"流派"虽有不苟同的意味，但我认为，这的确就是另一种风格。

烟雨倦客：我觉得这节课有些空泛，虽然注重了以情感人，但是感恩之情没有着陆点。孙老师的大部分点评是蛮到位的，教师确实没能引导学生抓住自己母亲的特点，可能大多数学生是有满腔深情却不知如何下笔吧！

meiya：在我们平时的课堂上，有几堂课能让学生感动到流泪呢？面对现在不懂得感恩的孩子，我们能轻易感动他们吗？今天，在朱老师的课堂上，我看到了，看到孩子流下了泪水，说明老师真的感动了他们，教会了他们感动……

一凡：看到课堂上那一张张有所触动而流泪的脸，我想孩子们一定会记住这堂课，因为在那一瞬间，他们成长了许多！感谢朱老师，您的激情、真情、才情不仅感染了学生，也打动了听课的我！对我来说，能听这样的课，是一种享受！

乱虫：不同视角的不同见解。孙老并没有否定的意思，只是提了他的看法——所以说是流派。流派，在现在向来没有优劣之分了，只有教师在具体的教学情境中去具体把握。

05958666＊＊＊＊：朱老师的课感人至深。虽氛围太浓重，但能打开学生的心扉，毫不费力地让学生有话说，可借鉴。

1396030＊＊＊＊：感人心者，莫先乎情！本节课利用各种情境拨动学生的心弦，帮助学生敞开心扉打开写作的大门，让作文走进孩子的生活，从说到写，水到渠成！

1365590＊＊＊＊：是作文课，是赏诗课，更是感恩课！倘若朱老师能找到老师、学生、情感的融合点，定能击起更多浪花！

05958556＊＊＊＊：朱老师在本节课上非常注重营造一个个煽情的画面，把学生的触角引向深入，拓展了作文的空间，让学生有话可说，有情可抒。

1316281＊＊＊＊："母亲"一课，教师语言深情凝练似阳春白雪，创设的情境动人心弦，启迪了学生对母爱的感悟，我被深深地打动，仿佛接受了一次爱的洗礼！它有别于活动性作文课。

1301598＊＊＊＊："母亲"这一课最大的特点是教师的情感很投入，特别是教师的语言很生动，能够把学生的情感调动起来。但后半节教师没有及时引导学生去发现生活中的具体事例，使学生作文语言贫乏、空洞。

1395051＊＊＊＊：朱晓华老师用凝重来诠释深沉的母爱，情深意切！如果用诙谐、调侃的语调表现出来，会是何种效果的母爱呢？不敢想象！

惠安山霞：很高兴与可爱的孩子们一起走进"母亲"这一课堂，心灵再次受到洗礼，我也是没妈的孩子，期间我落泪了。文质老师与孙教授点评有些过，其实面对经济发达的泉州的孩子们，他们需要这样唤醒"感恩"之心的课堂！孩子们有收获了！

执教者反评

"母亲"一课设计的初衷是为了唤醒学生心中隐藏着的爱。说是隐藏，是由学生的年龄特点决定的。小学生在不同年龄阶段所表现出来的观察力和表达能力是大不相同的，即使是同一年龄阶段，也存在着不同的层次。这一群体在观察时往往会出现"视若无睹""目中无人""熟视无睹"的情况，表达时会出现"心中有千言，下笔无一语"的现象，而"母亲"这一形象是一个笼统、抽象的概念，虽然这是一个活生生的生命体，而具体到人物的伟大之处，人们往往很难将它与生活中平凡与琐碎的母亲联系在一起。正如孙绍振老师所说："……又是伟大的，又是平凡的；又是无私的，又是叫人'讨厌'的，我被你感动了又不让你知道，这才是人生……"但学生无法回到生活，回到人生，这不能怪老师，更不能责怪学生，因为这是一个认知上的问题，由于认识的局限性，学生往往把伟大与轰轰烈烈的英雄壮举联系在一起，而非生活的细节，所以其所关注的就是母亲生活之外的东西。

所以，我把情境的设置作为引发学生情感的触发器，用一种凝重的氛围唤醒学生，这就是我进行设计时的初衷。

这就涉及"流派"的问题。语文课需要什么样的流派呢？哪些才是主流，哪些是非主流的呢？哪些流派要倡导，哪些流派要剔除呢？我们可以厚此薄彼吗？我们知道，生活是需要幽默的，但也需要深情与庄重，倘若只认可其一，显然是个偏见。而执教者所倚流派是否对教学有益，只有具体到一节课的某些实施情形才可以判断得出来，而不是一刀切做出好或不好的判断。况且，语文教学是一个创造性和个体生命意识很强的过程，它

"围绕中心写具体"评课现场

课堂实录

（执教者：叶妙婕）

师：你们喜欢做游戏吗？

生（齐）：喜欢！

师：这节课我就带同学们来"闯关"，好不好？

生（齐）：好！

师：第一关：请看题，先请几位助理来帮忙读题。（师点名请4位同学来读）

其他小朋友要注意听，找出一个能表示这段话的主要意思的句子来。一起读，开始！

（生朗读课件出示的片段）

师：你们真不简单，第一次看到这段话就能把它读正确、通顺，而且声音很响亮，老师很满意！谁来回答？

生：能表示这段话的主要意思的句子是"象鼻子的用处可真大呀"。

师：同意吗？

生（齐）：同意！

师：大家一下子就找准了这个句子，把它读一读。

（生齐读句子）

师：像这样能够表示自然段的主要意思的句子，我们叫它"中心句"。（板书：中心句）这段话就是围绕着这个中心句来把内容写具体的。（完成板书：围绕中心句写具体）第一关闯关成功！高兴吗？表示一下！

（生嘿嘿地笑）

师：平常老师通知说明天去哪里春游时，你们会怎么样？

（生齐喊"耶——"）

师：第一关成功，欢呼一下。

（生齐喊"耶——"）

师：进入第二关——增加难度！再看这段话，它从哪几个方面来写大象的鼻子呢？

生：从三个方面写大象的鼻子。

师：哪三个方面？

生：第一是大象的鼻子像升降机一样；第二是大象的鼻子能把侵犯自己的豺狼虎豹卷起来；第三是象鼻子能左右摇摆驱赶蚊子。

师：好，你很能读书，课文的确是从这三方面来写的，这就是从多方面来写。（板书：多方面）

师：（手指板书）这段话就是从多方面来围绕中心句把内容写具体。回忆一下，我们学过的课文中有像这样的自然段吗？

生：法布尔和他的昆虫记……

师：这个例子符合这些条件吗？

生：不符合！

师：虽然没找对，但可以看得出你平时认真学习！再动脑筋！还有吗？

（生沉默）

师：（提示）我们学过《珍贵的教科书》——

生（齐）：当时，我们的学习条件非常艰苦……

师：这也是从没有桌椅、没有黑板、没有粉笔、没有教科书这4个方面围绕中心句把内容写具体的。还有吗？

师：上学期学的《海底世界》，中心句是——

生：它们各有各的活动方法。

师：从哪几个方面来写的？

生：海参、乌贼、章鱼和贝类。

师：同学们，你们能不能说说怎么来围绕中心句把内容写具体呀？

生：先把中心句写出来，后面再举例子。也可以先举例子，后面再总结一下。

师：哦，你提到了中心句的位置，有时候可以把它放在前面，有时候可以把它放在后面，有时候还可以把它放在中间。（板书：前、中、后）

师：第二关闯关成功！

生：耶——

师：叶老师增加难度，怕不怕？

生：不怕——

师：还是这段话，请大家帮一下老师的忙，你能不能围绕中心句从另一方面再说一句话？思考一下，别急着发言。

生：夏天的时候，象鼻子可以吸很多水分，再把它喷在象皮上，免得象皮干裂。

生：大象的鼻子可以把地上的香蕉卷起来吃。

师：谁帮帮他，把这句话说得更生动。

生：大象的鼻子一下子把地上的香蕉卷起来，抛进嘴里。

师：做这个动作难不难？叶老师听说象鼻子都能轻松地捡起地上的绣

花针呢，更何况是一根香蕉啊！它能轻而易举地把香蕉卷起来，放进嘴里。

生：有时候大象要吃树上的果子，用鼻子轻轻一打，果子就会轻易掉下来。

师：真方便啊！你接着说。

生：我觉得在象鼻子上就像滑滑梯一样，一下子就可以从上面滑下来！

师："得——"一下子滑下来了，真好玩啊！

生：大象的鼻子可以帮自己洗澡，它可以吸小河里面的水。

师：然后可以喷到自己的身上，就像我们洗澡用的——

生：淋浴头！

师：美美地洗个凉水澡，多舒服啊！同学们发言非常积极，谁还没发过言？手心向着老师！机会先给没发过言的同学。

生：如果大象玩小球的时候，小球跑远了，大象可以用鼻子把小球吸回来。

师：这个方法很巧妙。在大家的帮助下，我们从多方面来说，才能把内容写得更具体，把意思表达得更完整。第三关，老师由衷地佩服大家，给你们插上红旗！

师：看来我得制造一个悬念，第四关我要把你们带到神秘的大森林里。（出示图片）仔细观察，用心想，谁能用一句话说说这幅图的意思？

生：动物们在森林里面用自己喜欢的乐器唱起了快乐的歌。

生：我觉得它们都十分快乐！乌龟边转边跳舞，树上的菠萝也在笑……

师：一句话，你说了好几句！我只要一句话，能概括这幅图的意思。

生：森林里各种各样的动物在歌唱。

师：在歌唱？森林里各种各样的动物在举行——

生：演唱会！

师：这句行。再来一句！

生：森林里的动物都在做自己喜欢的事情。

师：小评委们，这句行不行？

生：行！

师：好，再来！谁有不一样的句子呢？

生：大森林里面真热闹啊！

师：语言很简练。

生：我觉得这是森林里的狂欢节。

师："狂欢节"这个词，挺好啊！

生：我觉得小动物们有的在跳舞，有的在弹奏美妙的乐曲。

师：那这句话怎么说？用一个词。

生：小动物们在森林里载歌载舞。

师：同学们说的这些句子都可以作为中心句。你们也可以再想一想。请四人小组选择一个句子作为中心句，写下来，然后分工，每人选择一种动物进行描写，最好不要重复。每人选一种动物来写一句话，要围绕中心句来写。

（生小组合作写话）

师：同学们，把你们写的4种动物的纸条合在一起，把它标上序号，然后把它们连成完整的一段话，再把中心句加上去，然后读一读。

（生合作拼成一段话，读）

师：好，老师要表扬第四组，他们最快安静下来了。没写完的同学先暂停，听听别人怎么写的也很重要。（投影出学生的练习）

师：请这组的小组长把你们写的这段话念一念。

生："今天是森林里的狂欢节。你瞧，那树下的乌龟，正拿着自己最心爱的吉他，弹奏着美妙的乐曲呢！你看那树上调皮的小猴子，用细长的尾巴吊在树枝上荡秋千，手里还拿着桃子呢！你看那金黄色的菠萝笑得那样甜，笑得那样美。小兔子一边吹笛子，一边跳起欢乐的舞。森林里一派生龙活虎的景象。"

师：这一组同学有没有围绕中心句来写？

生：有！

师：（在中心句下画线）同学们评一评，哪里写得好啊？来，后面那位女同学！

生：第三句写得好，因为他把小猴子倒挂在树上，写成了小猴子荡秋千，我觉得这句话非常生动。

师：他写得好，你评得也好！

生：我觉得第四句写得也好，把菠萝拟人化了！

师：哪有菠萝呀？

生：是小鸟！（笑）

师：没关系，这个呀，要怪叶老师，叶老师应该把图片做得清晰一点。这是小鸟，我们把它改过来。我们再看另一组。这是哪个小组的，派一位同学来读。

生："森林里的小动物们正在载歌载舞呢！你看，小乌龟边打转，边弹着吉他。听，是谁在唱歌？原来是小鸟在树上用美妙的声音在歌唱。瞧，小猴子正用自己心爱的尾巴挂在树上吃桃子呢！听，小兔子正在吹笛子，它多高兴啊！"

师：很棒，用心思考了。同学们，在大家的齐心协力下，第四关闯关成功！

生（齐）：耶——

师：刚才我们是小组合作写一段话，现在要接受更大的挑战，要每个同学来写一段话。（投影题目）全班一起把红色的部分读一读。

生（齐）：请你选一句作为中心句，从多方面围绕中心句来写一段具体的话。

师：把下面三句也读一读。

生（齐）：A. 水果摊上的水果真多呀！B. 今天真热呀！C. 小东真是个小马虎！

师：请你迅速选定一句话，勇闯第五关！加油！写在老师发给大家的稿纸上。

（生习作练习）

师：看一下同学们写的。"今天真热呀，小明急忙去洗个凉水澡，东东赶紧去吃了个大西瓜来解渴，丁丁把空调都打开了。"有没有围绕中心句来写？

生：有。

师：那他能从多方面来写吗？

生：能。

师：同学们给他提提建议，有什么建议让他的文章能变得更好啊？

生：我觉得他可以多加一些形容词，这样才会让文章更生动。

师：加些形容词让文章更生动，比如说……你能不能帮帮他？

生："吃了个大西瓜"可以说成"吃了个又大又圆的西瓜"。

生："小明急急忙忙去洗了个舒舒服服的凉水澡。"

师：对，尽量把每句话写得具体、生动。

师：还有同学写："小东真是个小马虎。"他从两方面来写，"你看，他正狠狠地把穿反的鞋子换过来呢，真马虎！而体育老师则板着脸看着小东，好像在说：'你看看你，鞋穿反了，结果脚都扭伤了！'小东看着老师，一下子委屈地'哇'的一声哭了出来。"有没有围绕中心句来写？有没有从多方面来写？句子比较有条理，还可以多补充几个方面。

师：今天因为时间关系，一些同学没有写完，同学们带回去。老师今天留一个作业："请你从两题当中选一题：

1. 选一句作为中心句写一段话。A. 森林里真热闹呀！B. 水果摊上的水果真多呀！C. 今天真热呀！D. 小东真是个小马虎！

2. 请你以'真'为中心句写一段话。"

师：今天课就上到这儿，下课！

专家点评

武凤霞：叶老师的这节课给我的第一个感觉就是佩服。因为像"围绕中心句写具体"这样扎扎实实的作文训练，一般在作文公开教学中是不上的，因为它没有太强的可观赏性。但我们平常的作文教学绝不仅仅是游戏，或者是公开课上所展示的游戏，游戏在我们日常作文教学中所占比重非常非常小，我们平常上的更多的是这样扎扎实实的课。上这样的公开课，不仅要有胆量，还要有智慧，所以说叶老师让我很佩服。另外一点是，叶老师在上课的过程中，有一个环节我觉得设计得很好，就是开始教学中心句时，她出示了小动物和森林，跟她预设的教案不同。她原来的预设一开始是"天气热"，我在这个地方画了一个问号。因为她要唤醒学生对生活的回忆，所以出示了直观的画面，这样更符合三年级学生的心理和年龄特点。我觉得这两点做得很好。另外，叶老师的课，不给人一种强烈的爬坡的感觉。她其实是引导学生在爬坡，从片段出现中心句，然后中心句所在的位置，然后写一句话，合作的，再到每个人完整地写一段话。她的确在爬坡，这个爬坡比较缓，不像我们上楼梯，一个台阶一个台阶，感觉是艰难地攀登。所以这一点做得也很好。

叶老师的课上得很扎实，我没有太多思考，谈几点小小的想法。第一点，中心句。一开始的时候，叶老师先出示了"大象"，让学生看这段话是围绕着哪一句来写的，学生就找到了这句话。因为我没带过三年级的课，我就在想，三年级的课文里是否还没出现含中心句的段落？总分段，分总段，是不是还没有出现？所以需要老师来指导。结果，一会儿老师就问：你们课文中有没有这样的段落呀？学生一下子说了好几段。我想，这个位置是否有所颠倒，是否可以先让学生从课文出发？因为这是老师已经教过的，每位老师在教学中都会强调中心句，强调段落的结构。对学生来说，这只是一种对过往生活的回忆，对过去知识的回忆，然后教师再给学生一段话，看看学生是否能在没有老师指导的情况下把中心句找出来。这才是一种阶梯，而叶老师恰恰给颠倒了，我想倒过来更好。第二点，一个小小的建议。当一段话出来以后，叶老师请4位同学站起来读。我不知道叶老师这样做的目的是什么，作为听课者，听4位同学来读我觉得很别扭，因为不是齐读，没有那么响亮的声音，不是一个人，要你等我，我等他，把句子拉长，而且几个同学的声音合在一起并不那么美妙。我们的目的在哪里？如果想让每个同学来找中心句，那么大家齐读。如果想让大家静静地思考，就请一个同学来读。第三点，叶老师非常敬业，最后时间到了，作文没写完，叶老师坚持写完、评完。其实，得下课时且下课，余音绕梁更能让我们感到你的美丽。

张文质：叶老师刚开始上课，就有一位老师给我发了短信，说要给这位厦门的老师加30分。为什么呢？叶老师上课之前，我们的设备出了点故障。我当时心里有点幸灾乐祸地想：要是这个设备坏了，叶老师会怎么上课？很遗憾最后没有出现，但我会这么想，实际上是源于对她的信任。因为在等待上课的过程中，她的游戏让人很感动，孩子完全忘记了设备的问题，完全忘记了还在等着上课，而且老师处理时的那种从容、耐心和自信，都让人很敬佩。今天如果要对三位老师都用两个词来概括的话，就是赖老师"温婉，深情"，蔡老师"热情，生动"，叶老师"细致，智慧"。她的课我听过很多次了，她有非常扎实的基本功，曾经获得厦门市首届教师基本功竞赛全能冠军。就因这个出色的成绩很早就当上了同安区的政协委员，很了不起。但她在课堂不炫耀自己的技术，不炫耀自己的基本功，上得很耐心，有时你不细致地听会觉得很"笨拙"。但这种"笨拙"是针对学生的实际情况的，笨一点，慢一点，不要着急。实际上我们的生命化教育是很强调教育是慢的艺术的，要针对学生具体的起点给予他更具体的帮助，所以教师的耐心表现出的是对教育的信念。同时你又可以在这耐心的课堂里，看到许多地方处理得相当有智慧，可圈可点，表现出她在课堂中是很机灵的。同时只有非常专注，才有这种机敏。机敏的背后也是一个教育观念的问题。她把每个孩子都当做一个真正的"人"来关注。在新思考博客群组里面，她的博客名是"心平气和"。她就一直希望自己上课的时候能够心平气和，能够宠辱不惊，无论遇到什么样的学生都能够从容应变、从容应对。而且她一直强调自己是用一个母亲的心情来上课的，因为她的孩子也正处于这样的成长过程中。当了母亲后，本着许多母亲的心情进入课堂，今天她让我们感受到了这一点，我很感谢叶妙婕老师，很欣赏她。

短信评课

布衣：听了叶老师的课受益匪浅，记得张老师的精彩点评，欣赏你的扎实与细致，以及恰到好处的教学语言和朴实的教学风格。

晓芳：讨论中"雨后彩虹"的说法很有代表性。高层次的理论指导是对教师说的，对学生，尤其是对教学而言，应当考虑课堂的时效和实效。

年轻美丽的叶老师，期待你的精彩。

1380854＊＊＊＊：叶妙婕老师在让学生看图这一方面似乎没能够放开手让学生大胆地说。我认为对于三年级的学生而言，是很有必要让他们拓展想象，锻炼自己的观察与表达能力的，还有我觉得老师要对图画欣赏稍做指导。

05912255＊＊＊＊：我欣赏这节课，它实在。

1395989＊＊＊＊：这节课让人感觉实在，可操作性强。

1350691＊＊＊＊：课堂贴近生活实际，让学生易于动笔，乐于表达。

执教者反评

其实，有一种习惯，在上完课后，我就放下一切，不管接下来的评课环节会是什么状况，我都会用平和的心态来面对。上好课难，评好课也难。大家都不容易。

早已耳闻武凤霞老师的大名，能获得她的点评，是我的荣幸。武老师的课上得精彩，点评也是比较客观的。比如，她提出"'围绕中心句写具体'这样扎扎实实的作文训练，一般在作文公开教学中是不上的，因为它没有太强的可观赏性。"这个观点非常真实。这一点，在备课时我也自知。我的目的正是展示一节扎扎实实的习作指导课。另外，武老师还目光犀利地发现了在开始写中心句的过程中，我出示了小动物和森林，跟预设的教案不同。我原来的预设是"天气热"，为了切合三年级学生的心理和年龄的特点，唤醒学生对生活的回忆，我出示了直观的画面。这也是我在备课时不断思考而做出的调整，武老师内行地读出了我的思考轨迹。另外，这节课的设计，从片段出现中心句，然后中心句所在的位置，然后写一句话，合作的，再到个体完整地写一段话，是有坡度的，我刻意降低学生习作入门的难度，武老师也表示赞同。在找中心句环节，我先出示了"大象"，让学生找是围绕着哪一句来写的，学生就找到了关于象鼻子的这句话。再问："你们学过的课文中有没有这样的段落？"武老师却认为应以旧引新。就我的教学实践而言，读懂中心句并不是本课的新知识，都是"旧"，就无所谓"以旧引新"了。更何况，一开始出现新的内容（指课外的内容），对学生更有吸引力，会更具挑战性。所以，我还是坚持自己原来的环节预设。至于请4位同学站起来读的设计，的确有点别扭。平时我有时会在自己的班级请4人小组的同学来读，感觉还不错。或许这个班级的同学没有经过这样的朗读训练，合作不太顺利。这里得谢谢武老师的诚恳。最后这一环节我不能为自己辩解：从来都知道余音绕梁的美妙，从来都不喜欢拖课。但之前电教设备故障，耽误了不少时间，我上课的时间并没有拖多久。（当时有点委屈！）

佩服武老师的内行，感谢武老师的诚恳，也欣赏武老师的直率。这几点在我看来都是评点专家不可或缺的素质与态度。

张文质老师评课，我已非常熟悉。在张老师评课时，我总是很放松的。因为做了多年生命化教育的张老师，没有专家的架子，总是用人文的心态来待人，一贯用欣赏的语气鼓励人，娓娓道来，语速不快，感觉很亲切，不必担心被批判得遍体鳞伤。很多时候，在张老师面前，我会重新记忆起自己原来有这样那样的优点。这样的专家，着实令人感动。张老师评课，更多的是从教育理念上来解读，我觉得这个视角也很重要。这次的点评，应该是和武老师相辅相成吧，没有抠太多的细节。对老师而言，有理念的引领，教育之路方能走得正，走得远。难怪有这么多的人追随张老师做生命化教育的课题呢！因而，我并不在意张老师评课时很少提出可操作性的教学策略。

只是特别希望专家点评前能先和上课老师有一些交流，了解教学意图，或许还能有更多的生成，能提出更多建设性的意见。或者采取对话式的评点，气氛会更民主吧！

如果说武老师的评点可以感受出秋的丰富和凉爽，那么张老师的评点则如冬日暖阳般和煦而温润。谢谢两位老师，辛苦啦！

第六篇 深度解析
——追求评课的更高境界

《晏子辞千金》课堂实录与点评

《晏子辞千金》课堂实录

(执教者：夏 琨)

一、如果我们是古人——古文不过如此！

(屏幕显现"如果我们是古人——古文不过如此！"粗体字样，下面有些议论)

师：(不动声色，屏幕再显示"晏子"二字)大家看屏幕上，打的是"晏子"，这个人你们熟悉吗？

生(齐)：熟悉！

师：好。大家知道他的故事吗？

生(齐)：知道！

师：那好。能否请一位同学来讲一下他的故事？

(一生举手，讲"晏子使楚"的故事，略)

师：讲得真好，十分感谢！从这个故事中我们可以看出，晏子是一个什么样的人？

生：聪明、智慧、机警。

师：对，晏子是以一位智者的形象出现在历史当中的，不过今天我们要讲的是他的另外一个故事（师在屏幕上显示完整的课题《晏子辞千金》，并将翻译好的现代文发给学生），现在，请一位同学起来把这个故事读一下，刚才那位同学举手了我没有看到，很抱歉，现在你来读好吗？

（生读译文……其余的学生静听着）

师：很好，现在大家看看，晏子是一个什么样的人？

生：一个正直的人。

师：为什么？

生：他想把钱给百姓。

师：还有呢？

生：他非常廉洁。

师：现在大家都清楚他的品德了吗？

生：清楚了，晏子的品德正直而廉洁。

师：但是还有一个人不清楚，就是晏子——（生非常惊讶，等待着教师发话）因为我们这里用的是现代文，要是读出来的话，晏子肯定听不懂的。（有学生微笑）平时我们都是把文言文翻译成现代文，今天我们反过来，客串一下古人，把这段文字翻译成古文，好吗？

生（一时来了兴致）：好！

（师先在屏幕上显示课文的部分现代文翻译，并视学生现场的回答情况，将在所属现代文的下面打出翻译出来的古文，或随时调出来）

师："晏子正在吃饭"，怎么讲？

生：晏子正食。

师：（在电脑上打出四字，笑）你们见过古文里面说"正在"是用

"正"吗？

生（恍悟）：没见过，应该用"方"，是吧？

师：正是。（一边将"正"改成"方"）"齐景公派使者来了"，怎么说？

生：公使使至。

师：（心下暗喜）很不错。（随手打出四字）请大家继续，"晏子把自己的食物分给他吃"，怎么说？

生：子分食与之。

师：好。那"使者没有吃饱，晏子也没有吃饱"，该怎么讲？

生：使者未足，晏子也未足。

师：（一顿，提高声量）也？

生（恍悟）：亦，亦未足！

师：很好，请继续，"使者回去"呢？

生：使者归。（又有学生在下面说"使者返"）

师：（将两种答案都打在屏幕上）"对景公说了这件事"，怎么说？

生：言之于公。

师："景公说：'他穷得像这样啊！'"又如何说？

生：公曰：如此窘也！

师：（略一顿，提高声量）怎么不用"穷"呢？

生：一般说来，古文"穷"字都是指官运、人生道路陷入困境一类的，所以这里应该用"窘"字。

师：（赞赏）很好！我们一般说"日暮途穷"，就是指道路迷茫；还有"欲穷千里目，更上一层楼"，这里又是指穷尽。"我不知道，是我的错啊！"该怎么说？

生：吾不知，吾之过也！

师：（略一顿，提高声量）吾？是吗？

（生在下面议论纷纷）

生：老师，是"寡人"吧？

师：（笑）很好！我们知道，景公是一个诸侯，先秦诸侯自称都是"寡人"之类。好，"多次送给他"怎么讲？

生：数（shuò）赠之。

师：很好。那"最后晏子拜了两次推辞说"，怎么讲？

生：子再拜辞曰。

师：（略一顿，提高声量）什么叫"再拜"？

生：拜了两次。

师：为什么拜两次？

生：应该是"表示恭敬"的意思。

师：好，"我家不穷"呢？

生：吾家不窭也。

师：好，继续来，（感到有些难度）提示一下，我们说古人有"名"，有"字"，还有"号"什么的，谦虚的时候应该称什么？

（生之间有争议，有生说"名"）

师：那位同学说得是，自称谦虚应该称"名"，所以这里最好是——

生：婴家不窭也。

师：好的。接着来，"因为景公的赏赐"，怎么说？

生：因公之赐。

师：（环视众生）还有其他的意见吗？

生：以公之赐。

师：（不作评价，直接打出两种翻译）好，"用来赈济百姓"怎么说？

生：以之赈民。

师：那"国君的赏赐很优厚了"呢？

生：君之赐厚矣。

师：（略一顿，提高声量）你用了"矣"字，那为什么不用"也"字？

生："也"字我感觉是判断，而"矣"字我感觉好一些，但具体怎么解释却说不好。

师：（微笑）感觉很好，语感嘛。"矣"用来陈述，还带有一些感情在里面。好，我们继续，"我听说"怎么说？

生：婴闻之。

师："从国君那里获得厚赏"呢？

生：获厚赏于君。（又有学生说"获赏于君"）

师："散给百姓"怎么说？

生：散之于百姓。

师：好，"这就是代替国君统治人民"呢？

生：此乃代君治民也。

师：那好，我们连起来，"从国君那里获得厚赏而不散给人民"怎么讲？

生：获厚赏于君而不散之于民。

师：（微笑）对了。接着来，"忠臣是不做的"怎么讲？

生：此乃忠臣不为也。

师："这就是用筐箧收藏财物"呢？

生：此乃筐箧之藏也。

师：好。接着说"仁义的人是不干的"——

生：君子不为也。

师：（赞赏）仁义的人就是"君子"，很有道理。请继续，"向上从君主那里获取"——

生：上取于君。（又有学生说"进取于君"）

师：（示意对话的学生坐下，向着旁边说话的学生）你是说"'进'取于君"，能说一下自己的观点吗？这里不是明明是"向上"吗？

生：我记得初中《岳阳楼记》一课里面有这个"进"字，"进"就是对皇帝，"退"就是对下面，具体怎么说，我记不太清楚了。

师：很好！《岳阳楼记》里面说："是进亦忧，退亦忧，然则何时而乐耶？"我们有的同学读书很仔细嘛！接着来，"在下面得罪士人"怎么说？

生：下得罪于士。（又有学生说"退得罪于士"）

师："内心满足就能免于忧患"该怎么说？

生：心足则避忧（或"患"）也。

师：（提高声量）我想知道的是，你为什么只用"忧"或者"患"？

生：我想，因为古代多用单音节词。

师：（赞赏）对，我们现在说的长江，古人叫"江"，黄河古人叫"河"，我们多用双音词或多音节词，而古人则多用单音节词。下面，"景公对晏子说，以前我们去世的国君把五百书社授予管仲"，这句较长了，该怎么说？

生：景公谓晏子曰：前桓公以书社五百授之仲。

师：（提示）你们觉得用"前"好吗？

生：（想了一想）感觉不好。

师：那用什么？

生（恍悟）：昔。

师：（微微一笑）那"去世的国君"，该怎么说？

生：应该是"先王"吧。

师：（作了改正）那好，"管仲没有推辞就接受了"，又怎么讲？

生：未辞而受之。

师：（提高音量）管仲呢？

生：（笑）省略了。

师：好，请继续，"你推辞是什么原因呢？"

生：汝辞之何也？

师：（提示）用"汝"合适吗？古人说"尔汝"就相当于我们现在说的"卿卿我我"，是比较亲密的人之间说的，你们觉得这里最好用什么？

生（恍悟）：子。

师：好，再看下面，"晏子说：智慧的人考虑多了，肯定会有一次失误，愚蠢的人考虑多了，肯定会有一次成功"，这个句子也比较长，怎么讲？

生：（迫不及待地）智者千虑，必有一失；愚者千虑，必有一得。

师：呵呵，这么肯定？好。终于到最后了，"想来管仲的失误就是我的成功吧，所以拜两次不敢接受"，怎么讲？

生：臣以为管仲之过乃臣之得也，故再拜而辞之（或者"弗受"）。

师：（面对全班）好。我们终于把文段翻译成古文了，（略顿，并将学生翻译的部分现代文文本回发给他们）现在我先将我们的现代文念一遍：（师念，生静听）

晏子正在吃饭，齐景公派使者来了，晏子把吃的分给他，使者没有吃饱，晏子也没有吃饱。使者回去之后，把这件事告诉了景公，景公说："唉！晏子家里穷得这样啊！我不知道，是我的过错啊！"使吏致千金与市租，请以奉宾客。晏子谢绝了。景公多次送去，晏子最后拜了两次推辞说："我家贫穷，因为国君的赏赐，泽覆三族，延及交游，用来赈济百姓，国君的赏赐很丰厚了，我家不穷啊！我听说，从国君那里获得厚赏，却施舍给人民，就是代替君主统治人民，忠臣是不做的；从国君那里获得厚赏，却不施舍给人民，就是用筐箧收藏财物，仁义的人是不干的；向上从国君那里获得赏赐，向下得罪士人，身死而财迁于它人，是为宰藏也，智者不为师：（有点意外）这么多啊，那不会接受的请举手——

（一名学生举手）

师：（走近）能说说为什么吗？

生：我怕景公送了我财物之后会叫我干一些我不愿意干的事情。

师：（觉得有必要）什么事呢？

生：叫我贪赃枉法什么的。

师：那么，为什么要接受呢？（环视其他学生）也请这些同学说说——

生：（有兴致的）那是钱啊！

师：呵呵，是啊，不能跟钱过不去。爱财，人之常情，无可厚非。但是有一个事实是：晏子没有接受！为什么？联系课堂的开始，大家可以看到晏子的什么品德？或者大家从文中找答案……

生：心系百姓，想把财物分给百姓。

师：可是他最后还是没有分啊！晏子讲述自己拒绝的理由，有几个？

生：有三个。

师：分别是什么？

生：一是不愿代君君民，二是不愿私吞，三是财产在自己死了之后就成了别人的东西。

师：我以为，与其说是晏子的理由，不如说是晏子的"困境"。撇开这一点，我有一个疑问，晏子是否想用这钱来帮助百姓？

生：想。

师：但是最后帮助了没有？

生：没有。

师：也就是说，他因为某种原因，把他心系的百姓给"牺牲"了，人家经常说两难处境，但是这时候晏子面对的其实是三难，收还是不收，这的确是个问题，有没有三全其美的做法呢？

生：他可以把钱分给百姓，然后说这是国君给他们的。

师：（幽一默）在钱上都附上一份说明书，告诉大家这是国君的钱吗？

（众生笑）

生（插话）：万一国君知道了，还是会生气的！

师：（已听到上面学生的话，转身对其他学生）晏子说了自己拒绝的三个理由，在这三个理由当中，有起最关键作用的一个原因吗？

生：有，是"代君君民"。

师：（紧问）什么叫"代君君民"？

生：帮君主治理人民。

师：为什么晏子不愿意？

生：怕功高震主。

师：（走近）能详细说说吗？

生：就是好事让臣子一个人做完了，皇帝或者国君会感觉到威胁，大臣危及皇帝的地位，就是"功高震主"。

师：这种担忧不是没有道理，但是，"代君君民"，是否是正确的？

（生不能答）

师：（感觉问题确实提得难了）汉代的时候，周勃和陈平都是丞相，一天，皇帝问周勃，"今年天下判死刑的有多少？"周勃不能回答，皇帝又问，进来京城建设情况如何？周勃还是回答不上，十分恐慌，皇帝问陈平，陈平说，"这些事情你不该问我，自然有主管的官员，你应该问他们。"皇帝就说，"那你干什么呢？"陈平说，"我的责任就是帮你管理百官。"皇帝听了之后十分高兴，下来之后周勃抱怨陈平不教他这些而让自己出丑，陈平说："你当丞相连自己的职责都不清楚，那干什么呢？"

生（恍悟）："代君君民"，实际上应该是"相"的职责！

师：对极了！但是，这时候晏子的职责却使他恐慌，为什么？

（生无法答）

师：现在我们来设想，你自己就是晏子，刚才我们已经说过了，你曾经历了庄公、灵公、景公三个国君，从政57年，事景公48年，创造了一个引人注目的纪录。你经历的最后一个国君就是景公，景公虽然算不上一个十分英明的国君，但是他对你的信赖却是无可怀疑的，在记载你事迹的《晏子春秋》，全书220章中，记载你匡谏齐景公的不下50章。而此50章中，记景公闻过知错的有12章，记述景公纳谏后不仅当面认错，而且立即改正的有25章；此外，虽然书中没有标明景公闻谏认错但实则赞成你的匡正因而知非而止的有10章。你去世的时候，景公正在打猎，闻听消息，他马上驾车回来，他觉得车子太慢，于是下车跑步，一会儿又感觉跑步还是没有车快，于是又上车来为你奔丧。你去世以后，一天，景公在射箭，每箭一发，叫好声不断，景公说："要是晏子还在的话，他不会容许你们这样阿谀奉承的。"可是，就是这样一个国君，你仍然不敢接受他的赏赐，为什么？

生：害怕。

师：现在我们设想一下：给你两个选择：接受赏赐，但是这很可能成为你以后的罪状，在你倒霉的时候，不仅你，连同你的家人都会遭到灭顶之灾；拒绝赏赐，那么你可以名垂青史，并更加获得国君的信任，你选择哪个？

（大部分学生选择后者）

师：看来大家现在意见还有分歧，而晏子的选择，跟他的个性也是分不开的，他从政57年，事景公48年，能做到这么久，与他的谨慎是分不开的。而在这件事上，我们可以看到，受损失最大的是谁？

生：百姓。

师：得益最多的是谁？

生：晏子。

师：他得到了什么？

生：名声。

师：也许还有国君的更加的"信任"。中国历史上有过不少明君，也有过不少昏君甚至暴君，但是，没有谁能保证自己遇到的就是明君，所以，伴君如伴虎。当一个国家所有的东西都取决于一个人的时候，他的个性、爱好、心情、智商都决定了你的生存，如果你遇到这样一个皇帝，当听说百姓闹饥荒的时候居然问"他们怎么不吃肉粥"，那么在他的手下做事，不仅是一件荒谬的事情，而且这事情的危险也是可想而知的。

这个话题对大家来说也许太沉重，但却是中国几千年来的事实。有很多人都提出过同样的问题："为什么？"答案是很多的，更是沉重的，这种沉重，大家在以后可以通过读书和社会经历去逐步了解，想仅仅通过这一堂课来了解，无疑是不够的。今天的课就到这里。另外，译文里还有几句原文，作为课后作业，请大家翻译一下。下课！

第六篇 深度解析

反者，道之动
——评夏琨老师《晏子辞千金》一课

吴礼明

夏老师这一节《晏子辞千金》文言文课是很有意思的课。在文言文已经上得"面目可憎"的今天，这一上法不仅令其他教师耳目一新，也令学生颇感新鲜有味。从课堂现场看，夏老师采取"还原"法，把学生学习文言文的兴趣一下子调动了起来，他们的情绪也非常高涨。当然，这并非夏老师首创，但他给这种教学方式注入了新元素，因而产生了意想不到的效果。我读而乐之，觉得非常有推介的必要。

夏老师的课堂常常是变动不居的。作为教师，非常可贵的，是他身上有着浓厚的艺术家气质，这使得他的课堂常常出人意表，有很多灵活的元素。他总是根据不同的课堂内容找到切合的展开方式。而这节《晏子辞千金》古文课，无疑又是他展示其独特教学价值观的又一尝试。

一般而言，文言文如何上？有人作了列举，比较公认的似乎是这样一些："钱梦龙执教的《愚公移山》是串讲文言文的极品；张必锟执教的《五柳先生传》是文言文诵读教学的经典；黄岳洲设计的《岳阳楼记》教案是深挖古文知识的代表；张孝纯设计的《乌有先生历险记》是文言词汇训练设计的绝唱；沈蘅仲执教的《六国论》是扩大文言文文化内涵教学视野的典范……"（魏小娜，《寻找语文课程视野下的"文言文语言教学"》，《中学语文教学》，2005年第11期）这些案例是如此的经典，以至于今天还有很多人在历数着这些名师，学习着他们的课例。但是，恕我直言，在文言教学面临着极大时代挑战而羞涩地隐退于历史的暗角的时候，这样的教学模式真的能够为今天的教学提供直接的借鉴经验吗？应当说光鲜的文言已经生了铜绿，几千年的时空里，赖以传递丰富信息的文言在今日已经蒙受损失了，当暗黄的纸页间文雅而孤傲的字句已经远离我们的生活而变得十分遥远的时候，怨恨批评便成了宣泄人们空虚灵魂的最常用的手段，到现在甚至成了唯一的手段。

教学需要寻找新法，文言教学需要拓展新路，而夏老师的可贵探索正显示了极大的价值。他这一课的独到在哪里呢？

"平时我们都是把古文翻译成现代文，今天我们客串一下古人，我们试试把这篇文字翻译成古文，好吗？"他就这样开始了这一课。我想学生是非常吃惊的。对于已经习惯了古文教学即讲字词的孩子来说，古文即意味着乏味和沉重。但夏老师这一设计，无疑有着极具诱惑的刺激。这一刺激的意义，让我在这里多说一点。

一是对于已经平淡的课堂，教学本身渴望改变一下单调，夏老师的课堂正适逢其会。看起来，这似乎是一个再自然不过的事情了。

二是夏老师对于课堂有一个"暗算"。如开始部分，师说："晏子正在吃饭？"生答："晏子正食。"师说："你们见过古文里面说'正在'是用'正'吗？"生答："没见过，应该用'方'。"师说："齐景公派使者来了。"生答："公使使至。"师又说："很不错，晏子把自己的食物分给他吃？"生答："子分食与之。"师又说："使者没有吃饱，晏子也没有吃饱？"生答："使者未足，晏子也。"师突然发问："也？"生醒悟而答："亦，亦未足。"我想，对于学生来说，这里暗含着一个比平常考试还要厉害的检验。因为它不需要死记硬背，而是运用和发挥。教学设计使学生由被动的学转化为主动的发挥，对于学生来说，不使出浑身解数，如何彰显自己的能力呢？

当文言语言的硬壳在课堂上被学生细细地敲碎之后，师生的对答便非常畅快起来，学生甚至显得非常兴奋。当老师说"晏子说：智慧的人考虑多了，肯定会有一次失误，愚蠢的人考虑多了，肯定会有一次成功"时，学生迫不及待地回答："智者千虑，必有一失，愚者千虑，必有一得。"当老师说"想来管仲的失误就是我的成功吧，所以拜两次不敢接受"时，学生很流畅地用了较长的句子来回答："臣以为管仲之过乃臣之得也，故再拜而辞之（弗受）。"如此看来，语言的静波就显现出来了。

这种"暗算"还体现在夏老师的课堂在貌似无序的背后有着严肃的构思。在他，就是要通过语言，激活学生的心智，而达到这一层目的之后，夏老师发下了原文文本，并激趣说："大家来对比一下，我们的'盗版'与'正版'相比如何？"这又是一个刺激。然后，课堂再渐进地到达人文的层面（"晏子的困境"），完成了一个由语言到意义的提升过程。显然，夏老师的教学设计步骤很清晰，循序渐进，由易到难，由个别到整体，学生不自觉地参与其中，自然而然，不知不觉将课堂融进了自己的理解视野之中。

这一节文言课上下来，学生突然感到文言竟然还是如此的有味。而夏老师没有讲解什么虚词、实词，也没有让学生枯燥地在文言字词里转悠，而是以一种展示学生个人效能的方法，绕开了单调而乏味的概念性解释，使学生很自然地在文言单音节词与现代汉语双音节词之间比较熟练地转化着。我想，仅仅凭借这一点，这节课也是非常成功的。当然，夏老师的课堂远不止此，其文化阐释也是极具个性和有意思的。但纵观其课堂，其实并没有将一个确定的答案告诉学生，而是启发他们在日后的人生之中去思考、去探索。所以，这样的课堂其实又是非常开放的，并将学生的视线牵向很遥远很遥远的地方。

对于夏老师的课堂来说，我觉得最值得玩味的地方，倒还在以下几点。

一、"反者，道之动。"这句话出自《老子》第四十章，意思是，循环往复的运动变化，是道的本真运动。说"暗算"也好，"巧妙"也好，其实都还未能真正地深入事物探究的深层。对于文言教学来说，将古文转化为现代文，目的何在？一般的回答是便于理解，因为古文难懂。其实这只是将事情做了一半。很多人还不知最好的行事方式还是要回到自身上来。要完成一个理解，在哲学层面上讲需要一个循环，很不经意之中，理解又回到了起点，这就是圆点运动，也正是老子"道"的意思。因为找不到返回的路径，理解受到了阻塞，于是文言成了"之乎者也"，变得异常枯燥。这对于在语文教学中持语言工具论的教师来说，夏老师的做法不啻是一个反讽。僵硬的工具论教学时常落到使学生对于文言课堂倒胃口的地步，想一想，究竟是谁的过错呢？

二、《老子》又说："弱者，道之用。"其大意是，"道"所使用的方法是示弱而不是逞强，用柔劲而不显示刚强。这节课堂没有凸显一般教师所谓周密而科学的、环环相扣、丝严缝合而"无懈可击"的教学设计和所谓的逻辑进度，也没有凸显教师的动人风采与迷人个性；相反，教师示弱，他并没有显示教师作为知识与理解的主宰，而其亮点只在于他不断地让学生有思考的问题、有求思的所在。所以在课堂上，学生获得了言说的自由与空间，成为了课堂上的主体。

三、《老子》还说："天下万物生于有，有生于无。"其大意是，天下的万物似乎产生于看得见的有形质体，而有形质体又似乎产生于那些不可见的无形质体。我想，夏老师运用的智慧都在这里。关于"无中生有"，学界有很多批评的声音，其实这些都还没有真正理解事理的精髓所在。从眼前有形的语言、有限的语言空间，如何让学生看见隐藏在文字背后的极大的事理空间，应当说主张语文人文说的教师做得比较出色。但是，往往这样的课堂，又给人无迹可寻的感觉。而事实上，从课堂情形来看，这样的课堂仍然依赖于教师的精心设计和密度旁搜。要使课堂获得意义的拓展，需要大量的"互文"来支持，这一点，是学生做不到的，并且也是他们难以理解的。而夏老师在课堂上循序渐进的做法，恰恰让学生不自觉地感到，由语言进到精神领域，有一个可见而浅近的路径。精神空间其浩瀚乎，而可得于心，需要的是大巧若拙的本色与深入浅出的功底，其夏老师有与！

由夏老师的文言课堂，我想再说一些。

一是，今天一般的文言课为什么上得非常局促呢？一个很重要的原因，很多教师的视野已经非常狭隘，只知道就字词讲字词，只知道为传授而传授，对于超越课文的很多东西基本上失去了感觉。文言如果只解释字词，而不做任何的理解，古文就成了死文，也难怪因为教与学的不得法，而招致包括教师在内的很多人对古文的厌弃。在传统的"防教师"体系教材编写与教学实践中，教师只是国家教育目的和教材编写者的执行者，完全丧失了在教学活动中的独立和主体地位。因而，教学行为，就表现为"唯书"和"唯上"，表现为"教"教材，而不是"用"教材。新课程已经突破了这种狭隘，但很多教师显然还没有足够的准备和转变意识，这是需要深思的。

二是，优秀的教师从来都走着一条异乎寻常的路。他们对于教学的态度近乎苛刻，这其实是对有质量的教学生命的苛求。正是这种苛刻，逼迫他们寻找种种崭新的路径，而首当其冲的，他们需要在心中自我酝酿，用一个比喻来说，这好比酿酒，在自身体内经历一场美妙的发酵。夏老师对于古文的兴趣，对于古代历史的兴趣，都使我们感到他是一名非常优秀的酿酒师。对时间——历史由衷的敬意，使他完成了一个个理解上的循环。这一点，其实是需要教师对古文有一种特别的情怀的！

三是，教学需要不需要一些新鲜的技巧？我想这是毋庸置疑的。课堂确实需要一些"巧法"给庸俗的生活以新鲜的刺激。但是，专门玩弄这些所谓的机巧，正是日下一些名师的所谓的"优势"，这是需要警惕的。这里需要说明的是，课堂技巧的作用点在哪里呢？我想，它应该是一个助推器，帮助我们理解文言、喜欢文言，以顺利地深入文中，甚至直达其感人至深的地方。最希望看到这样的情形，文字感动我们，是因为它触动了我们的灵魂，并成为我们灵魂的一部分，并且，使得生命中许多不可能成为可能，并使得我们体验到智慧的奇谲与欢畅。

我想，当学生喜欢上了古文，在古文的课堂上也能够思索时，那么，这种新鲜的刺激自然会自动地脱落，使得那些语言的静波显露出来，变成恒久的美，而这种美是最纯粹的、最感人的。在今日所谓"害我最多的是古文"的声浪里，要恢复文言与历史的尊严，目前需要做的事情还很多很多。特别是，在今天很多人的意识里还有很浓厚的斥古情结时，如何让人们喜欢上古文，教学的创新就显得更为迫切了。

夏老师的课堂之所以感动我，是因为从根本上，这篇古文所阐发的道理既与我们的生活息息相关，又指向我们的精神空间。在这一层面上，教师借助于这一课堂，由"晏子的困境"所申发的，由古至今都存在同样的精神困境，微讽了当代文言教学因为忽视生命和灵魂的东西，变得面目可憎了。由此可见夏老师的目的与追求的所在。韩军说，"没有文言，我们找不着回话的路"，这里面除了一种炽热的情怀，还有一种对历史的深识。

四是，这一节课对语文的工具论者与人文论者都是有启发的。就目前的教学情状来看，前者认为语文教学要重视语言、语言的训练，但根据其对听说读写四项要求所做出的种种教学要求，在今天已经使很多课堂僵化了。如何激活那些沉睡在文本里的语言呢？泛人文论者似乎过度扩张了文本的意义空间，难免有脱离实际的嫌疑。

一般来说，语言是通过作者的感受而沉浸在文本里，而被读者唤起，又需要凭借语言，这本没有问题。但工具论者过分强调了语言的形式，而忽视了语言背后的人。人文论者的教学方式又让人感到教学离语言的现实太远。所以在"作者—语言—读者"的转换中，我们不能像语言学家那样客观地研究语言，而是要"唤起"，通过"唤起"而唤起另一种情感。

万变不应离其宗
——评夏琨老师的《晏子辞千金》一课

周美超

夏老师这一堂文言文阅读课给人颇为新鲜的感觉。作为一种探索与尝试，其意义是十分明显的，能给人带来很多启发。就实际的课堂而言，这种尝试也在一定程度上激发了学生的学习兴趣，调动了他们的学习积极性。同时也显示了夏老师本人在教学上的探索和追求。但是，在仔细研读了《晏子辞千金》课堂实录之后，我不禁产生了一些疑问：这节课到底给学生带来了什么？老师所用的教法值不值得肯定？文言文教学到底应怎样进行？等等。下面我就这些问题表达几点我个人的感受和看法，并求教于夏老师及各位专家。

首先说课本身。

夏老师这一节课是教文言文，且文本来源于课外。我注意到本节课的课堂结构十分简明，主要分成两大块，即"言"的教学（现代文翻译成古文）和"文"的教学（理解文章的思想内容），但课的主体在前一部分。尽管教者在教法上反常人之道，采用了一种全新的方式，但客观地说，其实质并没有变，即仍然立足于文言知识、文言词句的巩固和积累。一篇有深刻思想内容和文化内涵的课文，如果把教学的重心放在知识的复习和巩固上，其安排明显是不科学的。

第一，就这篇课文本身而言，其语言实际是比较浅显的，教师稍做点拨，学生自然就能掌握。从学生的翻译和回答来看，学生已有的文言知识的积累也是不薄的。既然如此，把课堂重点放在翻译上，其实就没有这个必要了，硬要如此，课堂效率就不免大打折扣。

第二，我注意到文中还有一些句子，夏老师并没有让学生翻译，例如，"使吏致千金与市租，请以奉宾客""泽覆三族，延及交游""是为宰藏也""夫十总之布，一豆之食"等，不知是夏老师有意如此，还是疏忽？如果是有意为之，这几个句子中有的是应该掌握的，如"致""千金""交游"以及"请以奉宾客"；有的是难以理解的，如"市租""宰藏""十总之布"等，为何不让学生翻译？同时，教师没有给学生时间提问，自己也没有做任何点拨，难道学生都掌握了？我看未必。如果学生不理解、不掌握，怎能充分理解文章的思想内容呢？甚至文言词句的巩固和积累的目标都不能得到很好的落实。

第三，采用这种教师说现代文，学生翻译成古文的形式，课堂上固然比较热闹，但学生的思维是否被真正激活？是否调动了每个学生的积极性？学生的能力又是否得到了真正的培养？这些都是值得思考的。我的感觉是，这堂课只是考查了学生已有的知识储备，学生的思考也只是浅表性的，其思维能力并没有得到真正的锻炼和培养。

再补充一点。上面已经说了，本课的文本是教师从课外拿来的，学生开始并不知道原文，如果是平常教学，文本在教材里，学生比较熟悉，用这种将现代文翻译成古文的形式教学，恐怕就没有什么意义。

"言"的部分完成之后，夏老师转入"文"的教学，即对文本的解读。我觉得，这堂课更多的是体现了夏老师个人对文本的理解，带有较强的主观色彩。当然，这对于当今"唯上""唯参"的课堂已经是一个较大的突破，其意义是重大的。但是，问题在于，夏老师的这种解读是否就是正确的？自己的观念在教学过程中是不是就要完全展示出来，甚至以自己的思考代替学生的思考？在这两点上，我还有几句话要说。

其一，我觉得夏老师对文本的解读有失偏颇，文本的深刻内涵及其价值没有被充分挖掘出来。晏子何以要辞千金？他自己明说了三个方面的原因，即不愿代君君民、不愿成为不仁之人、不愿为别人积累财产（自己死后财产就成了别人的）。其中，第一个方面，应该说是为君考虑，即臣子行事要能显示君王的恩威，使其留名后世，并能延续其统治，达不到这个目的，当然就不能做。这是古代做臣子的美德，更是做忠臣的行动准则。晏子是一代忠臣，这理所当然在他的考虑之中。第二、第三个方面从个人的操守、名利的角度考虑，他是君子，他要做"仁者"，他就不能不考虑该不该做的问题，古人重操守甚于生命。而接受赏赐，表面看来是得到许多"利"，但实质上自己并不能长久拥有，甚至因此得罪于人，那又有什么意义呢？所以晏子最终没有接受。但是，在课堂上夏老师只根据自己的理解，把不愿代君君民视为主要原因，引导学生得出"害怕""做事谨慎"的结论，这大大削弱了晏子的形象，消减了他的人格力量。一个勇于进谏、功勋卓著、看重操守、智慧过人的一代名臣被理解成胆小怕事、明哲保身之人。这不仅损害了文意，也削弱了文本的价值，更不利于学生健康人格和审美能力的培养。即使夏老师对文本的解读是正确的，这种理解也只停留在浅层次上，也有必要对学生进一步引导。例如，能不能把他和包拯、海瑞等人比较，以引导学生进一步认识其人其情。或者，引导学生对晏子的行为进行评价，让学生在见仁见智中，进行思维的碰撞，达到受教育的目的。

其二，我觉得课堂上学生对文本的解读，夏老师的做法与其说是"引"，不如说是"牵"，是牵着学生鼻子走。请看他的提问与言辞：

"但是有一个事实是：晏子没有接受！为什么？联系课堂的开始，大家可以看到晏子的什么品德？或者大家从文本中找答案……"

"晏子说了自己拒绝的三个理由，在这三个理由当中，有起最关键作用的一个原因吗？"

（在讲述晏子一生的经历和他与景公的关系之后）"可是，就是这样一个国君，你仍然不敢接受他的赏赐，为什么？"

生：害怕。

"现在我们设想一下，给你两个选择：接受赏赐，但是这很可能成为你以后的罪状，在你倒霉的时候，不仅你，连同你的家人都会遭到灭顶之灾；拒绝赏赐，那么你可以名垂青史，并更加获得国君的信任，你选择哪个？"

可以说老师通过自己的提问，把学生一步步引向自己的观点，最终水到渠成地得出自己的结论，学生很少有什么发挥的余地。另外，有两个地方更值得注意：一个是，当老师问"如果你是晏子，会接受赏赐吗？会的举手。"时，这时多数学生举了手。当老师说"这么多啊，那不会接受的举手。"时，只有一个学生举手。老师也分别请两类人说了理由，但主张接受的学生中只有一个说是因为"钱"，老师给予肯定之后并没有给其他人陈述理由的机会，而是顺着自己的思路引导下去。另一个是在课的末尾，老师给出两种假设，让学生选择。两种情况都有人选，所谓"意见有分歧"，但老师依然没有给学生任何表达的机会，而是迫不及待地说出自己的看法，并巧妙地通过两个简单的问题，很自然地得出"自己"的结论。

因此，夏老师这堂课虽然在形式上做了一些探索和尝试，课堂上也热热闹闹，但其实质仍然是灌输，学生的思维能力、审美能力、探究能力等并没有得到很好的锻炼和培养，文本的价值没有得到真正的显示。因此，本堂课可以说是失败的。

其次说文言文教学。

文言文教学到底怎样进行？相关的理论和经验不可胜数，门户也很多。教无定法，条条大路通罗马，我在这里只想说说个人的两点看法。

其一，文言文教什么？这是个根本问题，此问题不解决，探讨其他问题都毫无价值。但偏偏这个问题，过去人们总是搞不清楚，什么"工具论"，什么"人文论"，莫衷一是，各执一词，现在许多人依然糊涂，其原因是不明白文言文学习的本质。文言文是本民族几千年文化的重要载体，教材节选的课文可以说浓缩了我们民族古代思想、艺术的精华，学习的目的当然是吸收和传承。但是，现实中，人们因为不明白这个道理，造成的后果是严重的。学者吴忌说，"在五四新文化运动中，虽有全盘否定之，但亦是批判讨论作风，而十年'文化大革命'，却登峰造极地将一切旧文化敌视之，彻底摧毁。因此造成传统文明在当代断代，一代人的语言风格丧失典雅，道德文明沦丧，民族精神、文化审美沦丧，也就在所难免了。"由此可见，学习文言文，在培养人、塑造人及传承民族文化上所起到的重大作用。但就现实的教学而言，教师片面强调工具性，重视"言"的价值，眼睛只盯着高考的现象是普遍的。上面说到"言"和"文"的问题，"言"，是语言，确切地说是文言字词句，"文"，即文章的思想内容和人文价值。毋庸置疑，"文"是主要的，无论是教还是学都必须从"文"的角度考虑，教学的目的是继承其中有价值的东西，从而让学生"提高道德修养、审美情趣、思维品质和文化品位，发展健康个性，形成健全人格"（课程标准之课文说明）。但文言不同于白话，它有着与白话不同的特点。"言"是"文"的载体，不了解"言"便无从理解"文"，所以"言"是不能不学的。但问题是，许多人把这个东西理解偏了，唯"言"至上。其实很明显，"言"的学习是为了理解"文"，因为"言"本身没有什么价值，是鲁迅说的烟枪和烟灯，只有送博物馆的份。

其二，文言文怎么教。这个问题专家学者们的论述甚详，各种教法似乎都有它存在的合理性，什么串讲法、诵读法、分析法、训练法，等等，曾经都红极一时。但是，根据我多年的教学经验，这法那法，无论怎样创新，其中有一点必须坚持，就是诵读。没有诵读，就不能体会文章语言的精练、音节的铿锵；没有诵读，就不能体会人物的思想情感，就感受不到人物的音容笑貌、气质风采；没有诵读，就难以感受到作者运思的巧妙；没有诵读，就难以进行语感的积淀。叶圣陶说："你要了解它，享受它，必须面对它本身涵咏得深，体味得切，才有得益。"可见，诵读涵咏对于文言文学习的重要性。夏老师这节课没有诵读应算是一大缺憾。

朱熹说："学者观书，务须读得字字响亮，不可误读一字，不可少读一字，不可多读一字，不可倒读一字，不可牵强暗记，只要多读数遍，自然上口，久远不忘。"又可见，读也不是随便乱读的，必须心事沉潜、集中精力、用心品味才行。也就是说，读需要教师的积极引导，否则，读的效果会大打折扣。也许有人疑问，读有什么用呢？逐字逐句翻译成白话文，不就什么问题都解决了。其实，不说有些词句不能完全翻译，就是全部翻译过来了，其意味和意蕴也有了很大的改变，就像汉语翻译成英文，其意味可能相差十万八千里一样。所以，教师引导学生立足于整体，认真地读、反复地读，才能深刻领悟文章的意蕴，进而体会文章的精妙，积淀语感，提高阅读能力。夏老师的课忽略引领性的诵读，我觉得，更是个很大的缺憾。

《泪珠与珍珠》课堂实录与点评

《泪珠与珍珠》课堂实录

(执教者：丰纪奎)

(课前 10 分钟)

师：在阅读之前，我们应该带着感受走进课堂，所以大家先把文章读一读。因为语言文字负载了很多信息，如果没有阅读，我们是无法理解信息的。大家先看课文《泪珠与珍珠》，大家带笔了没有？请大家给每个自然段标出序号，把你不理解或者不懂的地方跟同学或者老师讨论一下，把最能打动你的地方勾画出来。

(会场主持人干国祥老师介绍丰纪奎老师)

师：全场都在鼓掌，就是同学不鼓掌，好像大家是来看我表演的，我觉得不好。刚才干老师说了，徐州的风暴刮到了我们升庵中学，我姓风(丰)，不知道我这股风能不能刮起来。希望大家今天不论是在情感方面还是别的方面都能得到收益。现在我们上课，起立！

(师生问好)

师：我已经在这里生活几天了，我有一件事想不明白，我已经三十几岁了，但是在学习过程中，我却流过几次流泪，我为什么会在这个学习班上流泪呢？谁能帮我解读一下？或猜一下？

生：我觉得是感动，生活中有很多的事很多的人，都让人感动，老师、学生。

师：你知道我为什么感动吗？

生：我觉得是一种情，师生的"情"。

师：我那天听到一位老师说到他参加学习班的情况，我为他的执著而感动。还有就是那天来自江苏翔宇教育集团的卢校长讲座，讲到他创办学校的经历，在座绝大多数的老师都眼角湿润。谁来解读一下？

生：创业的艰辛和磨炼。

师：是啊！校长的艰辛和磨炼感动了我们。生活中总有很多体验，也许就是有些东西触及了我们内心湿润的地方。好，回到课文上来。刚才我们已经读了这篇课文，大家能不能用三个关键词来说一下你读这篇文章的感受？哪位同学来讲一讲？我给你板书在黑板上。这位同学？（指身边的学生）还没有什么感受？有感受的同学举手？

生：首先应该说是自己思想感情的零乱，我觉得这篇文章都说是自己思想感情的零乱。

师：你说你读了以后获得一个"零乱"的感受？

生：是，也深有感受，对她说的这些表示赞同。

师：赞同什么？

生：还有些感受等老师讲解了后才知道。

师：（笑）好，她刚才谈了自己的感受，其他同学谁还有自己的感受？有考虑好的吗？

生：我先用四个字来谈，第一个是"迷茫"，不知道她写什么，第二个是"朦胧",是一种刚刚入门的感觉,第三个是一种"清风拂面",撞着我的心,其他的还没有什么感受。

师:你从什么地方获得这种感觉?

生:"朦胧"就是稍微有一点清晰,"清风拂面"就是有一点清晰。

师:你清晰的是什么?

生:我认为绝大部分是泪珠,很少提到珍珠。

师:就是写泪珠多,写珍珠少?

生:是,我想是不是暗含写珍珠?

师:(板书)至少你提到了泪珠与珍珠之间的关系?

生:是。

师:文章的标题是什么?

生:泪珠与珍珠。

师:你能从语法上分析一下吗?或者说,这是一个什么短语?

生:"并列"关系。

师:你能分析一下吗?

生:不能。

师:(示意学生坐下)还有谁?

生:我开始一直不清楚,对文章内涵也不了解,但是自己看文章还是挺感动的,对自己也有启发。

师:你能读出来吗?

生:(读,略)"'妈妈流泪是沙子在眼睛里'一段。我觉得这孩子比较像我小时候,不懂事,淘气,父母伤心的时候也不了解。"

师:非常好,我觉得你是在用内心体验着读,但是有些感触你不知道是什么意思,是吗?

生:是。

师：还有别的同学没有，那个最小的同学——

（生默然）

师：你有没有感觉？哪里有感觉？把你最有感觉的文字读给大家听？找到了吗？还没找到？不好意思读，是吗？是不是不好意思？那你说我读。哪里？就是第二自然段？

（生觉得这段他很感动，师读"说起眼枯"一段）

师：这段文字为什么让你感动？能不能简单地说一下？

（生摇头）

师：不能是吗？好，坐下。刚才我们在读的时候，很多同学被文字感动，有的赞同，有的同学说有朦胧的感觉，还有同学说绝大部分内容写泪珠，还有的说泪珠暗含珍珠，这是不是一个非常关键的地方？

生（齐）：是。

师：刚才我说了。泪珠与珍珠是一个并列关系的短语，我想问一下，词语与词语之间有没有轻重主次的分别？比如，我说我和这位同学，有轻重主次的分别吗？

生：没有。

师：那么，文章可以换成珍珠与泪珠吗？

生：不行。

师：为什么？

生：因为文章是泪中含有情。

师：文本写珍珠多还是泪珠多？

生（齐）：泪珠。

师：你说泪中含情，有什么情？

生：对风景赏心悦目的情，对家乡的情，对丈夫的情，对儿子的母子情，还有对人生奋斗的积极向上的情感。

师：你说有"对风景赏心悦目的情"？

生：好像是我理解错了。她写雨后的青山……好像是对人生的一种领悟。

师：其实刚才你谈了乡情，那么对丈夫对儿子的感情，我们可以概括为什么？

生：亲情。

师：好。你还有什么发现吗？

生：没有。

师：这位同学有一个发现，从感情上分析泪珠，大家还有什么考虑吗？

生：还有一个发现，就是对耶稣的感情，是感恩的情。

师：那么，我们可以看见，在亲情和感恩之情之间有一个隔膜，隔了什么？

生：珍珠。

师：对，大家一起来把这一段读一下好吗？

（生朗读）

师：大家读完以后有什么发现？

生：承上启下，因为这个自然段的内容和上下的内容是相互承接的。

师：好像下面写的都是泪珠啊，没有提到珍珠的问题呀？在写泪珠的过程中为什么插入了这样一段话？怎么是承上启下呢？

生：我不知道。

师：有没有同学能够解答这个问题？

生：我觉得应该是，牡蛎就像观音、耶稣一样也是为人而艰苦。

师：它们有联系？

生：我觉得牡蛎艰苦，和后面是一样的。

师：牡蛎为什么艰苦？

生：孕育珍珠。

师：用什么孕育？

生：沙子。

师：是吗？

（生默然）

师：有其他的意见吗？

生：牡蛎是用眼泪孕育珍珠。

师：人的眼睛经常也会进沙子，但是为什么孕育不出珍珠？

生：因为你没有经历它经历的历程，从科学角度上说，牡蛎的泪水有一种特殊的功能，能将沙子包裹起来，经过孕育变成珍珠，而人类的眼泪不一样。

师：我明白了，你是说牡蛎的眼泪和人类的眼泪不一样，应该有一个过程？什么样的过程？

生：艰苦的过程。

师：（板书）请你读一下这段，"可见生命在奋斗中……"

（生读）

师：你看艰苦后是什么符号？

生：叹号。

师：说明作者对它是什么态度？

生：赞赏。

师：你再读一下。

（生读）

师：牡蛎变成珍珠是一个艰苦的过程，我们看了这一段之后，再来思考，为什么要嵌入珍珠？

生：过渡，在亲情与感恩之间有一层隔膜。

师：你觉得在亲情和感恩之间隔的就是艰苦吗？

生：不是。

师：那是什么？

生：我想可能是泪珠吧。（笑）

师：你说亲情和感恩之间有隔膜，是吗？

生：不知道。

师：我觉得大家对文本的理解还是不够。刚才大家获得的认识是不是很清楚了？能不能按照断章取义的方式去理解呢？不能。所以我们还是静下心来，把后面几段再看一下。

（师朗读"最近，岭南画派"一段）

师：大家注意：观音泪为谁流？

生（齐）：众生。

师：信徒是为谁流泪？

生（齐）：耶稣。

师：是啊，耶稣为众生的罪而被钉死在十字架上。如果他是为了自己，大家会流泪吗？

生：不会。

师：大家注意最后，"眼因多流泪……"，你能给我讲一下这种境界是什么吗？

生：一个人为了很多人付出自己，他是善良的、可敬的。

师：我能不能这样理解你的话？观音也罢，耶稣也罢，他们超越了小我，找到了内心的慈悲和善良，那么找到了内心的慈悲和善良就是……

生：一个人的心被善良洗劫过，心就更明亮，这里说的是眼睛，实际上是心灵。

师：眼睛是心灵？

生：是。

师：泪中含情，眼睛中含泪，这里就有一种情感，这些情感有亲情有乡情，甚至还有爱情，这些都是作者介绍的，都是她经历体验的，但是是不是她一下子体验到的？大家看看，这篇文章写于1988年9月，而注释说她生于1918年，这话是她70岁的时候的感悟，而"眼因多流泪……"是她什么时候读到的？

生：高一。

师：这句话当时她读到的时候是不是就读懂了？

生：没有。

师：大家看看，全班同学都读了，……只是喜欢文学句子的美。大家看看，17岁的时候她没有读懂，70岁的时候读懂了。什么让她读懂了？

生：人生的经历。

师：（指一位同学）你说——

生：她的经历太少，我们经常说"少年不识苦滋味"。

师："少年不识愁滋味"，是啊！

生：她经历得越多，感悟的越多，意识就会上升到一个更高的层次。

师：那么，我能领悟吗？

生：不一定。

师：刚才有同学说文章很乱，大家看这里多了一层领悟，请问，她领悟了什么？讲杜甫和白居易，说杜甫高于白居易，高在何处？作者在写完这些青年时代流泪经历的时候有一段话，"人生必于忧患备尝之余……"大家读一下。那么，这时候作者缺乏什么体验？

生：（一些学生）对忧患的体验。

师：大家再看下面。"如今两岸开放……"，这里面有了什么情感？

生：（一些学生）乡愁。

师：这里已经超越了一个小我，还有后面母亲的眼泪，也是超越了小我。注意，这个感情从开始不懂，到后来懂得，到眼睛因流泪多而清明。作者在两个地方出现这句话，实际上也是作者自己在读这句话，哪个地方读得深一些？为什么？

生：因为第一次写的是亲情和乡情，后来扩大到感恩，也就是说，把情感扩大了，扩大到明白了。

师：扩大到明白？

生：扩大到因多流泪……

师：怎样扩大？

生：先从亲情到乡情，然后就是到感恩的情。

师：但是我想问一下，这段文字出现了三次，少年的时候没有经历忧患，到中年以后，有了乡愁，这种乡愁是什么原因造成的？

生：是海峡两岸的隔阂造成的。

师：为什么两岸出现这样的情况？这不是她一个人的体验，大家都读过余光中的《乡愁》，这种乡愁是我们很多人没有的，就像这位同学讲的是扩大了，那么怎么扩大的？

生：从一个人的亲情，扩大到全人类的那种亲情。

师：好，也许你表达的不是很清晰，但是很多人都知道了。年轻的时候读，没有人生经历，后来读到观音和耶稣为人类而流泪。那么，我想问这位同学，还觉得文章零乱吗？

生：我觉得文章中用的例证有些零乱，不过它还是在讲一个东西。

师：刚才你用了一个词——例证，那么你是在暗示这篇文章是议论文？

生：我还是认为是抒情文。

师：什么情？

师：文章写了她70年的人生经历，可以说是忧患提升了她自己，提升了她的人生境界。清代有一个人叫张潮，他说，"少年读书如隙中窥月，中年读书如庭中望月,老年读书如台上玩月,皆以阅历深浅为所得之浅深耳。"他说阅历决定读书。作者也告诉了我们,她用了一生在读这段话,在用自己的人生读。这种精神在我们的现实生活中,已经日益缺乏,给我们启发很大。在我们这个和平年代里,忧患非常少,所以我们的阅历就少。所以刚才我讲了卢校长的例子,现在谁再来解读一下,这些泪里面有什么?

生:其中必定充满了许多忧患,建校的艰辛……

师:是不是说名人才有这种忧患体验?或者作家?你们有忧患体验吗?

生:有,我相信在座的每一位都有,作为学生,接触的是家庭,所以更多的忧患是在学习和家庭当中。

师:具体说说?

生:高中学习竞争非常激烈,时时生活在忧患中。

师:你因为这个流泪吗?

生:很少吧。

师:有过刻骨铭心的流泪的时候吗?讲一下?

生:高一上学期考试非常失败,流泪了,因为开家长会,觉得对不起父母老师,所以流泪。

师:泪中含情,你的泪里面有什么珍珠?

生:我觉得是对自己的,我也不太清楚,流泪之后,觉得流泪不一定是弱者的表现,流泪之后更坚强。

师:你流泪之后更加坚强,还有谁有类似的体验呢?谁讲一讲?

生:我认为可能就是因为父母的不理解,他们对我们要求很高很严,我觉得压力很大。但是有时候流泪之后又可以理解他们的良苦用心。

师:那么,你理解作者了吗?

生:理解了。

师:好。作者70岁了,而你的父母大概40多岁,为什么我们理解作者没有代沟，理解父母就有呢？

生：作者是通过文章来表现的，而父母是通过实际行动表现的那种，可能他们做出的一些事……

师：他们的方式有问题？

生：对。

师：还有一个更重要的问题，我们的人生体验就会造成我们的隔阂，如果没有宽厚而博大的心的话，就无法互相理解。可能不是每一个人都能有一个博大的情怀，但是在经历忧患的时候，我们会更加清明，现在大家的模糊和零乱清晰了没有？

生：好多了。

师：希望大家都记住这句话——"眼因多流泪而清明……"。好，下课。

沿波以讨源，缘情而体文
——评丰纪奎老师
《泪珠与珍珠》一课兼论"课堂现场化"

吴礼明

四川广汉中学丰纪奎老师的《泪珠与珍珠》一课，是在"第一线"第二届高级教师研修班上的教学观摩课。如果不在课堂的现场，仅凭课堂实录，很难想象这一堂课的难度究竟有多大，我这样说绝非为丰老师掩饰些什么。如果教师没有什么准备，或者说他要上一节在他惯常的教学思路之外的，而面对的学生的情况又极其复杂的课，我们是不是要对这样的老师的课堂勇气与冒险说一些什么呢？

实际的情形正是这样的。研修班要丰老师上这一节教学观摩课是临时决定的，原定上课的范美忠老师因为父亲病逝而取消。当晚我们几个人，干国祥老师、丰老师、升庵中学的周校长，还有我，我们几个人在办公室里聊了一会儿，丰老师最终采纳了我的意见，表示要抛开先前的课堂套路，要冒险一试我的"现场化教学"。这对我来说是个莫大的鼓舞。在很多人还对"现场化"的课堂不甚了解，甚至还有一些误解的情况下，丰老师的举动确实是难得的。

课堂如何进行呢？是不是像一些人所误解的那样，所谓"课堂现场"就是像地滑西瓜皮那样，滑到哪里算哪里呢？以新锐著称的《语文学习》杂志最近还有这种论调。也许通过丰老师的课堂，人们对现场化课堂教学就有了一些比较深入的了解了。

刘勰曾说："夫缀文者情动而辞发，观文者披文以入情，沿波讨源，虽幽必显。"（《文心雕龙·知音》）这就是说作者的创作是由内而外的，他在特定的环境和氛围中深怀的情感必有一个解读的路径。而读者阅读作品，是由外而内，通过语言的媒介而"沿波讨源"，即由辞而及情，与作者产生共鸣，得到阅读或审美上的体验甚至享受，从而领会作品所包含的思想与情感。为达到这一点，丰老师没有采用通常我们所见到的做法——介绍作者，提炼文章内容，或是做一些暗示性的提示。他深知理解文本的关键还是语言，所以还是从阅读，即阅读文本开始，通过阅读——体会，走进文本，把握文章的脉搏，所以10分钟的阅读就显得非常必要了。有人觉得这个环节不好看。如果单从"观赏"的角度看，确实令人失望。我们已看过太多的"观赏性课堂"了，但那种虚假的叙事除了证明我们日常教学的贫乏之外，似乎并不能说明我们的教学有多大的改进。唯有对目前的课堂做假有深刻的洞察，方能悟出此理，方不失教育的良知。

但这个环节对平素没有经历的学生来说，困难无疑是很大的。对成都市新都升庵中学的高一学生来说，这次活动对他们也是一次挑战。有学生说："课堂生动，提问回答精彩。但个人认为语文课不很好。第一，入场只有10分钟，而平时预习时间长，这当中的思想我们根本挖掘不完的。第二，有同学认为该文是零乱的，而老师后面没有提及这个问题。老师说用三个词语概括，时间有限根本不可能。第三，其中'那眼泪……而愈益清明'一句，我认为在全文出现三次，老师没有讲明白为什么出现三次。……今天与老师交流能够畅所欲言。"也有的学生说："师生互动比较好。缺陷是没有时间去感受课文，所以一开始比较模糊，而老师的提问比较多，课堂气氛不是很浓烈，学生发言不是很多。三条主线，也没有提到散文的要素要点。讲完之后，学生不理解课文是抒情散文还是议论散文。师生平等也很突出。语文课应讲求形象，要是我们的生活经历也达到一定程度，可能效果就更好了。"

　　这可能是学生们从来都没有见到过的情形。因为按照一般的情形，课文要提前预习，甚至思考好老师第二天要讲的问题。因此，在前一天的晚上，按照惯例，他们应该有比较充裕的时间与文本有一个深度的接触，但现在一下子所有的习惯都打破了，比如，在丰老师的课堂上不讲散文的"形散神聚"和行文线索；比如，只有十来分钟的时间供他们准备，甚至只是粗粗地过一下课文。情形不能不说是"残酷"的。还好，这些临时凑起来的学生——因为暑期放假，很多学生都不在学校，所以学校只能临时通知一些零散地来自于高一不同班级的学生——虽然抱怨时间不够，但还是很认真，虽然在这十来分钟的时间读完一篇高二的、有着一定文化含量的文字是有一些难度的。这从课后学生的评课里也能够看出一些："课堂比较成功。但我们有一些地方听不明白，阅读积累不够，十多分钟的时间阅读，需要提高阅读能力，阅读内容与感情线索对阅读提升有帮助。有不足的地方，同学对老师的提问的思索不大积极，水平不够。""有很多同学今天没有来，我来了很幸运。我收获很多，觉得老师讲得很好。我一般不专注，今天很专注。老师讲得很好，把文章中的要点讲到了，但问题解决不够好，老师加强点好不好啊？语文疏通一遍好多了。"

　　对于丰老师的处理方法，有些人似乎并不认可。网上有老师（"湖畔初阳"）这样评价道："风（丰纪奎老师网名'风之语'）老师想把这堂课上成'非预设性'课堂，它背后的理念是希望学生能从文中读到自己的感受，能找出他们理解的精彩，最好读到他们自己的故事，再在琦君文章与学生经历中找到结合点。这个出发点很好，但不切合实际。李镇西的《冬天》之所以能牵出学生的故事，是因为它首先是一篇浅易而又感人的好文章。选文首先感动了执教者。这种动情因素在他周围形成了一个'磁场'，使得在这个磁力场中的学生情不自禁地进入动情氛围，在与作者、教师的心灵交流中得到了情感升华。而这篇《泪珠与珍珠》在选文上就有先天的不足，学生在走进文本这架引桥上就卡住了，哪里谈得上感动和交流呢？所以，初读之后，学生觉得'零乱'，觉得'迷茫'，他们期待教师为他们解开这个困惑——'还有些感受等老师讲解后才知道'。这时候，作为成熟和先行读者的教师理应顺应学生的期待，用自己的阅读发现和阅读经验来指导学生。然而，很遗憾，也许教师是拘于'让学生表现'这个理念，他避开了，让学生继续谈感受，这不成了空对空吗？这种表达怎么会有很高的质量呢？同样的疏忽还存在于，当一个学生说到'眼枯'一段最让他感动，但说不出为什么感动时，我相信，那个时候所有的听课者，无论学生还是老师，都期待教师有很好的分析，但从实录来看，他又放过了。这些'放过'在我看来，意味着语文科知识的缺席，意味着教学内容的失当。"

从评论者批评的语气里可以看出，这篇《泪珠与珍珠》有其难度，但她似乎认为这一课文不适宜于李镇西式的"现场化"教学。好像李镇西老师的《冬天》一课教学的成功占了文本的便宜，其实不然。从这样的看法里，不难看出"现场化"教学在她看来还只是一个很具体的应对某种文体的教学方法，还不是在教学理念层面上的教学意识。（另有评论，如一位署名"天地一沙鸥"的老师说："于我而言，诸位讨论的价值已远远超出课例本身给我的启发，从这个角度来说，这个课例就是一个成功的研讨课例。尽量追求教学内容的生成性和现场性，尽力以学生阅读的原初感受为课堂教学的起点，是我看风先生这一课要呈现的一种理念。但对于比较深奥的文本来说，生成性教学方式恰当否？"）并且对课堂上学生的"零乱""迷茫"的初读感受极其惶恐，还认为"这时候，作为成熟和先行读者的教师理应顺应学生的期待，用自己的阅读发现和阅读经验来指导学生"。这种看法很有普遍性。此点其实充分地暴露了教师在课堂上的局限，一旦课堂出现了超乎自己想象的"意外"时——这种"零乱""迷茫"的初读感在一般的课堂上似乎是"看"不到的——就急不可耐地"用自己的阅读发现和阅读经验来指导学生"。所以，这样的看法在骨子里还是"教师主宰"或"教师主导"模式。

　　当然，教师在这里也可以想想，是"用自己的阅读发现和阅读经验来指导学生"以简化教学的压力，还是让学生深入文本让学生自解其"零乱""迷茫"呢？比较而言，在清醒的理智上，几乎都认为后者远胜于前者。我们都知道，每一堂课都应该至少有学生、教师、作者、文本这四种对话主体，也知道"一堂成功的课应该是作为课堂主体的学生在对话中改变了原有的期待视野"。但是，如何形成真正的对话？可能对很多老师来说就比较困难了。

　　从课堂的一般情形看，学生与文本的"隔"是肯定存在着的。而阅读产生的困惑和冲动一再被搁置也是常有的事情。丰老师将这些都暴露在自己的课堂上，我想这对他自己的压力也是很大的。但他似乎下定了决心，要学生来啃下理解的"硬骨头"。李海林在《既要善待学生又要善待文本》一文里说："一方面是学生从文本获取信息，另一方面，也许是更为重要的方面，是学生调动自己的人生阅历和言语图式对文本信息的加工。阅读的实质，就是文本的意义结构与学生的意义结构在某一点上'相遇'（用解释学的术语表达，就是"视界融合"）。显然，不同的个体面对同样的文本，他们相遇的'地点'不可能是一样的，这就从根本上判决了过去那种'标准答案'式的阅读教学的死刑，因为它根本就不存在。阅读的'答案'既来自于文本，又来自于读者；没有文本当然无所谓'答案'，而读者不同，'答案'也不同。"这在建构主义看来的"更为重要的方面，是学生调动自己的人生阅历和言语图式对文本信息的加工"常常被忽视。所以有人对丰老师课堂上的学生"反反复复地被要求在大庭广众之下谈自己的私人情感

（你们有过忧患体验吗？有过刻骨铭心的流泪吗？）"表示了极大的不理解。

当然，在这样的课堂上，如果学生没有形成比较自觉的民主课堂意识，老师的难度是不言而喻的。有人说："这是在某个研修班结束之后上的研讨课，是必须体现新理念新形式，必须要让学生唱主角的。可是找到的这些学生偏偏是临时拉来拼凑而成的，上课的那天还下着大雨，学生来得稀稀拉拉的，来了的好长一段时间还进入不了状态，这并不是预想的理想状态的课堂。但是，无论如何，教师个人对课文的深刻解读，对朴素本真课堂的追求，在开头不利的情况下极力引导，对学生主体地位由衷的尊重和保护，这些都是非常可贵的。即使那不是一堂漂亮的课，也仍然能赢得别人（哪怕是像我这样的反对者）由衷的尊敬的。"又有评论说："同是教师，我对风之语老师应该是非常同情的。在那种场合下，应该说非常无奈。他已经在课堂上几次调整目标和内容，尽量'蹲下来'对话了。可以说，无论是教育理念，还是教学机智，在教师群体中都属上乘。我想如果我遇上那样的情况，很可能处理得比他要糟。"

但这位评论者接着说道："但这堂课仍然不能说好。因为毕竟有些内容是必须要准备充分的，如学生可能有的疑惑，教师个人的解读，有了这些，即使遭遇冷场，仍然能给每一双认真倾听的耳朵带来收获。"这个问题引出了我将要评说的另一个话题——"现场化课堂"到底与一般课堂的分界何在？

"现场化课堂"研究课堂教学的多种因素及其相互关系，探求如何有机组合所有这些因素，从而把教学的重心由"事前的备课"转移到对教学现场的即时运作，强调课堂的现实生成和直接生成。"课堂教学现场化"首先是对那种我们所熟知的"以备课（计划）为中心、以授知为目的"的传统教学的一次质的革新。其次，"课堂教学现场化"并非不要备课。传统课堂教学多年来一直走着固定的模式：教师课前备课，上课则完全成了一种对课前备课的重复。这种以知识性为主的备课，备多少，讲多少，并且太注重于教学的知识性目标，教师上课成为苏霍姆林斯基所说的"紧张地回想事先准备的讲解过程"，忽视了课堂教学的随机性和多样性，从而使课堂单调乏味，不能体现出生命和灵魂的碰撞与升腾。课堂教学现场化当然需要备课，但与传统的那种目的性单一的为某堂课而备的备课方式相比，更强调教师平时的积累。（吴礼明，《追求"课堂教学现场化"》）

从丰老师的这一堂课来看，他的运作还是比较成功的。通过几个环节的活动，学生由对课文的漠然，到为作品的形象所吸引，进而渐浸其中，从整个教学流程看，这应该是一个很了不起的飞跃。

有人说，丰老师在这一节课里并没有展示多少属于他自己的精深的文本解读功底。关于这个问题，我想，可能有的老师解读得很深，但关键是在课堂上的呈现，解决多少还要根据课堂的具体需要。丰老师的课，是在一个特殊的背景下开始地对文本地解读。而且，丰老师这一节课上下来，既检验他现在的课堂和他本人，也检验这些学生以前的课堂和以前的老师。课堂效果好的原因不外两点：一是教师功底很深厚；二是课堂运作比较好。课堂其实是可以丈量教师甚至是编者的"水"有多深的。

《泪珠与珍珠》的文意不是学生一下子就能够理解的，所以也难怪学生说"零乱""迷茫"。有老师干脆宣称这一文本是失败的文本："说实在的，这篇文章我读过很多次，也听过好几次课，但始终无法让我感动或是领悟。《泪珠与珍珠》这个题目给予我们某种期待，以为泪珠与珍珠之间会有密切的联系，或者在此文中，泪珠会与珍珠有同等的价值。然而，细读全文，谈的全是泪珠，它们之间的联系仅在于'天使的眼泪，落入正在张壳赏月的牡蛎的体内，变成一粒珍珠'。这个故事对于我们这个国家的文化来说是全然陌生的，不会引起学生的共鸣。其实非得要说的话，我国古代的神话'南海鲛人，对月流珠'，无论意境还是内涵，都比阿拉伯故事要好得多。

而且，文中引用的诸多诗文，作者虽有精辟的分析，但并不能使人有同感，而且无机的组合也让人觉得杂乱。再加上，一般高中生并不买琦君散文的账。"而"高中语文第三册教师教学用书"竟说其文旨为"实质上，思乡怀人才是文章的主题"，原因是，"琦君是一个深受民族文化熏陶的传统型作家，她周身涌流着中国传统文化的血液，她的感情体验和情感表达也完全是中国式的。远离故土家园的生活境遇，使她对故土产生深厚的眷恋和怀念。"

其实，不难发现，该作品是对人生的一种解读。作者少女时代读到《小妇人》和冰心的文句时，因为没有丰富的人生阅历与心灵的感受，只能欣赏其文句的朦胧的美感。而在行文的层层叙说里，作品则展示了自己的许多亲身经历和体验：抗战期间的离别辗转，去台后的心灵境遇，……历尽了人生的艰难曲折，这才明白"泪水"为什么而流。文章就以这样的经历与体验来诉说着其人生的感悟："眼因流多泪水而愈益清明，心因饱经忧患而愈益温厚。"这就是"世事洞明方起悟"的道理。

就这一节课，或"现场化课堂"，我还想说两点：一是教师并非真理的传导者，二是课堂的流程更直观、更真实地呈现在了眼前。

我们向来只知道老师如何讲解却不知道学生的反应如何，只知道所谓的公开课与观摩课要做得漂亮，却不知道教学的一切都要以"真"的追求为旨归。我们很多人在评论的时候往往只看到课堂开始部分的情形，而无视后面师生努力对文本的理解与建构，就是说，很多老师其实在"倾听"的环节上就大有问题。那么，这样的话，又如何对整个课堂作出一个确切的评价呢？

当然，很多老师不是不知道这一节课的价值和意义，但心中似乎总有一个东西在作怪，就是公开课与观摩课一定要做得漂亮，而完全不顾学生的情况和文本的难度。他们仍然满足于一种我们称之为课堂上的"虚假的叙事和娱乐的想象的狂欢"。也就是说，在长期的由各级层层把关的"做课"意识里，我们的很多老师其实已经形成了一个对课堂的僵化的看法了。

还有一点对教师来说是很可怕的：就是教师以"文本解读"与"教学传承者"自居，总以为自己可以在课堂上将一个个课文现象理解得很透彻，以为这一课"我"一定能够让学生理解多少多少，而且，似乎很多学生也满足于这种"需求"。其实教师并不能做让学生理解的当然性保证，那么很多教师为上一节所谓的公开课花上几星期、几个月的时间准备，究竟有多大的意义？是凸显教师的学识功底，还是为了更好地应付来自于课堂上学生的挑战？为什么很多人包括教师都不敢面对真实的课堂呢？为什么一而再再而三地要为虚假的课堂叙事造势呢？教学的浮夸风什么时候才能止住呢？要知道，有些事情的意义非得要等待几年、几十年、一辈子，甚至几个世纪才能被人们了悟，而《泪珠与珍珠》一文恰恰在这方面作了最好的注脚。

《名师工程》系列丛书

征稿启事

《名师工程》系列丛书是西南师范大学出版社策划、组织出版的大型系列教育丛书。丛书以新课程下的新教学为背景，以促进施教者的教育能力为落脚点，以提高教育质量、提升教师水平为宗旨。

丛书首批推出的"名师讲述""教学提升""教学新突破""高中新课程""教师成长""大师讲坛""教育细节""创新语文教学""教育管理力""教师修炼""创新数学教学""教育通识""教育心理""创新课堂""思想者""名师名课""幼师提升""优化教学""教研提升""名校长核心思想系列""名校工程""高效课堂""班主任专业化"等系列，共130多个品种，其余系列也将陆续出版。为了让广大教师有一个交流、借鉴的机会，同时也为了给广大教师提供更多、更好的图书，《名师工程》系列丛书编辑出版委员会特向全国教育工作者征集稿件。

稿件要求：

1. 主题鲜明、新颖，有独创性。
2. 主题以提升教育能力为主，也可适当外延。
3. 主题要有一定规模、有典型案例支撑。
4. 案例要贴近教育实际，操作性强。
5. 文章、书稿结构清晰，语言精彩。

书稿作者在选题确定之后，请及时与我们做好沟通，具体事宜确定好之后再进行创作；也欢迎用已经完稿的稿件投稿。一线教师如希望参与图书案例的创作，可联系我社策划机构，由策划机构备案，在适合的图书中参与创作。

真诚欢迎各位教师踊跃投稿。

联系方式：

西南师范大学出版社高教分社
电话：023-68254356　　　E-mail：zcj@swu.cn
西南师范大学出版社高教分社北京策划部
电话：010-68403096
E-mail：guodejun1973@163.com

系列	序号	书　　　名	主编	定价
教研提升系列	38	《教师怎样做小课题研究——高效助力教师专业化成长》	徐世贵　刘恒贺	30.00
	39	《今天我们应怎样评课》	张文质　陈海滨	30.00
	40	《今天我们应怎样进行教学反思》	张文质　刘永席	30.00
	41	《一节好课需要的教育智慧》	张文质　姚春杰	30.00
名校长核心思想系列	42	《做一个智慧的校长》	孙世杰	30.00
	43	《成为有思想的校长》	赵艳然	30.00
幼师提升系列	44	《全国优秀幼儿健康教育活动课例评析》	教育部教育管理信息中心	30.00
	45	《全国优秀幼儿艺术教育活动课例评析》	教育部教育管理信息中心	30.00
	46	《全国优秀幼儿社会教育活动课例评析》	教育部教育管理信息中心	30.00
	47	《全国优秀幼儿语言教育活动课例评析》	教育部教育管理信息中心	30.00
	48	《全国优秀幼儿科学教育活动课例评析》	教育部教育管理信息中心	30.00
名师名课系列	49	《名师如何炼就名课》（美术卷）	李力加	35.00
教师修炼系列	50	《班主任工作行为八项修炼》	杨连山	30.00
	51	《教师心理健康六项修炼》	李慧生	30.00
	52	《教师专业化五项修炼》	杨连山　田福安	30.00
	53	《课堂教学素养五项修炼》	刘金生　霍克林	30.00
	54	《高效教学技能十项修炼》	欧阳芬　诸葛彪	30.00
	55	《教师新师德六项修炼》	王毓珣　王颖	30.00
创新数学教学系列	56	《小学数学：名师教学目标落实艺术》	余文森	30.00
	57	《小学数学：名师高效教学设计艺术》	余文森	30.00
	58	《小学数学：名师易错问题针对教学》	余文森	30.00
	59	《小学数学：名师魅力课堂激趣艺术》	余文森	30.00
	60	《小学数学：名师同课异教》	林高明　陈燕香	30.00
	61	《小学数学：名师抽象问题艺术教学》	余文森	30.00
教育通识系列	62	《用心做教师——青年教师快速成长的十大定律》	王福强	30.00
	63	《做最受学生欢迎的老师》	赵馨　许俊仪	30.00
	64	《做有策略的校长——经典寓言与学校管理智慧》	宋运来	30.00
	65	《做有策略的教师——经典故事中的教育启示》	孙志毅	30.00
	66	《从学生那里学教书》	严育洪	30.00
	67	《突破平庸——提升教育质量的31个跳板》	严育洪	30.00
	68	《教育，诗意地栖居》	朱华忠	30.00
	69	《好班规打造好班级》	赵凯	30.00
	70	《做学生成长的引领者——学生终身成长的素质培养》	田祥珍	30.00
	71	《如何管出好班级——突破班级管理的四大瓶颈》	刘令军	30.00
	72	《青春期性教育教师实用手册》	闵乐夫	30.00
教育细节系列	73	《名师最具渲染力的口才细节》	高万祥	30.00
	74	《名师最有效的沟通细节》	李燕　徐波	30.00
	75	《名师最有效的激励细节》	张利　李波	30.00
	76	《名师培养学生好习惯的高效细节》	李文娟　郭香萍	30.00
	77	《名师人格教育的经典细节》	齐欣	30.00
	78	《名师营造课堂氛围的经典细节》	高帆　李秀华	30.00
	79	《名师最有效的赏识教育细节》	李慧军	30.00
	80	《名师最有效的批评细节》	沈旎	30.00

系列	序号	书　　　名	主编	定价
教育管理力系列	81	《名校激励管理促进力》	周　兵	30.00
	82	《名校安全管理执行力》	袁先潋	30.00
	83	《名校师资团队建设力》	赵圣华	30.00
	84	《名校危机管理应对力》	李明汉	30.00
	85	《名校校本研究创新力》	李春华	30.00
	86	《学校文化力建设策略》	袁先潋	30.00
	87	《名校长核心教育力》	陶继新	30.00
	88	《名校长高绩效领导力》	周辉兵	30.00
	89	《名校行政管理细节力》	杨少春	30.00
	90	《名校教学管理提升力》	张　韬　戴诗银	30.00
	91	《名校学生管理教导力》	田福安	30.00
	92	《名校校园文化构建力》	岳春峰	30.00
教育心理系列	93	《做最好的心理导师——中学生心理健康咨询手册》	杨　东	30.00
	94	《每天学点教育心理学》	石国兴　白晋荣	30.00
	95	《学生心理拓展训练与指导》	徐岳敏	30.00
	96	《好心态成就好学生——学生心理问题剖析与对症教育》	李韦遴	30.00
大师讲坛系列	97	《大师谈教育心理》	肖　川	30.00
	98	《大师谈教育激励》	肖　川	30.00
	99	《大师谈教育沟通》	王斌兴　吴杰明	30.00
	100	《大师谈启蒙教育》	周　宏	30.00
	101	《大师谈教育管理》	樊　雁	30.00
	102	《大师谈儿童人格塑造》	齐　欣	30.00
	103	《大师谈儿童习惯培养》	唐西胜	30.00
	104	《大师谈儿童能力培养》	张启福	30.00
	105	《大师谈早恋与性教育》	闵乐夫	30.00
	106	《大师谈儿童情感教育》	张光林　张　静	30.00
教师成长系列	107	《学学名师那些事》	孙志毅	30.00
	108	《给新教师的建议》	李镇西	30.00
	109	《教师心灵读本：成为有思想的教师》	肖　川	30.00
	110	《教师心灵读本：教师，做反思的实践者》	肖　川	30.00
高中新课程系列	111	《高中新课程：教师角色转变细节》	缪水娟	30.00
	112	《高中新课程：班主任新兵法细节》	李国汉　杨连山	30.00
	113	《高中新课程：教学管理创新细节》	陈　文	30.00
	114	《高中新课程：更有效的评价细节》	李淑华	30.00
教学新突破系列	115	《把教学目标落实到位——名师优质课堂的效率管理》	冯增俊	30.00
	116	《拿什么调动学生——名师生态课堂的情绪管理》	胡　涛	30.00
	117	《零距离施教——名师和谐师生关系的构建艺术》	贺　斌	30.00
	118	《一个都不能落——名师提升学困生的针对教学》	侯一波	30.00
	119	《让学习变得更轻松——名师最能吸引学生的情境设计》	施建平	30.00
	120	《让知识变得更易学——名师改造难学知识的优化艺术》	周维强	30.00
教学提升系列	121	《方法总比问题多——名师转变棘手学生的施教艺术》	杨志军	30.00
	122	《用特色吸引学生——名师最受欢迎的特色教学艺术》	卞金祥	30.00
	123	《让学生爱上课堂——名师高效课堂的引导艺术》	邓　涛	30.00
	124	《拿什么打开思路——名师最吸引学生的课堂切入点》	马友文	30.00
	125	《没有记不牢的知识——名师最能提升学生记忆效果的秘诀》	谢定兰	30.00
	126	《让学生的思维活起来——名师最激发潜能的课堂提问艺术》	严永金	30.00

系列	序号	书名	主编	定价
名师讲述系列	127	《施教先施爱——名师讲述班主任的核心教导力》	杨连山 魏永田	30.00
	128	《在欢乐中成长——名师讲述最具活力的课堂愉快教学》	王斌兴	30.00
	129	《让学生做自己的老师——名师讲述如何提升学生自主学习能力》	徐学福 房慧	30.00
	130	《引领学生高效学习——名师讲述如何提高学生课堂学习效率》	刘世斌	30.00
	131	《教育从心灵开始——名师讲述最能感动学生的心灵教育》	张文质	30.00